爱情穿肠而过

[德]艾卡特·冯·希施豪森◎著
张婧　张婷玉◎译

2017年·厦门

目录 | 序言

第一章　爱不单行

无条件之爱的催产素 -008

歌曲与阴影 -014

如何选择我们的伴侣 -021

非常有用的性爱建议 -027

爱的证明卡片与争吵卡片 -033

争吵的高超艺术 -035

避免争吵的 6 条建议 -042

婚姻市场的 10 条黄金法则 -045

夺人所爱时的刺激 -050

你太不浪漫了! -057

男女思维差异的科学解释 -062

男人和女人的钟形曲线 -068

第二章　爱情本身和为了自己的爱

马拉喀什的毛毯小贩 -072

最美的时光？ -075

有心脏的细菌 -085

腼腆之人的篮球赛 -089

一个关于"妈妈"的误解 -093

向乌鸦学习 -095

爱情、心脏和疼痛的关系 -097

道歉的真实含义 -106

今天我要嫁给我自己 -112

我会变得更好 -115

第三章　对皮肤和肉体的爱

鱼疗 spa -120

男人的乳头困惑 -122

美丽的代价 -128

垃圾邮件、精子和铃兰 -131

时间的龋齿 -136

第一首神经生物学情歌 -140

第四章 对理性和感性的爱

学会用右耳搭讪 -144

泪腺的压力 -146

一心可以二用吗？ -150

金钱可以治愈疼痛 -154

代价是汗水！ -159

那些你没说过的闲话！ -162

容易受骗的眼睛 -170

对长期关系的歌颂 -174

第五章 对食物和饮料的爱

神奇的酒精 -178

性爱和食物 -182

坚强意志和奶酪薯片 -185

成为不吸烟的人 -193

欢饮的不欢之处 -199

第六章 爱的细节

弗洛伊德短信 -206
乘电梯的智慧 -209
男人和遥控器 -217
章鱼保罗的秘密 -223
失败的水龙头 -228
一切都是电子化？ -231
打电话时的偏见 -237
后退也是一种进步 -240
只要一个吻 -246

第七章 不愿结束的爱

合唱的力量 -252
"不朽不是每个人的事情" -256
带包装的礼物 -263
医生如何成为健康权威？ -269
这是您的小费！ -277
企鹅的故事 -282
你准备在剩余时间里做什么？ -287

后记 | 致谢

伟大的爱情故事常常开始于一个简单的你好。

为了使爱情而不是女人继续走下去，男人必须找到更多方法。

序言

爱情是一个永无止境的话题,就像只有一把勺子的人,喝着一碗永无止境的鸡汤。我们每个人都深陷过两种不一致的处境,在浪漫和现实之间挣扎。我们身体里的浪漫主义者说,在这个世界上每个人都有一个真命天子(女)。而现实主义者则说,如果选择了一个错误的人,那么爱情就不再对所有人开放。

衷心欢迎大家走进一本前所未有的爱之书,您不会读到任何关于鞋子或者停车位的文字。因为世上有两种人:一种人把所有事情都分为两类,另外一种人知道这样的做法简直是胡扯。我知道,关于男人和女人之间的传言,从科学的角度来看都是荒谬的,但是对漫画家而言,没有什么比两性对彼此的幻想更令人激动了。那么我该做什么呢?这本书应该是前后一致并且令人兴奋的,中心思想往往都是和一堆搜索结果联系起来的。但是有时我的所思所想也是胡说八道,我相信您一定能分辨出来。

○ 爱情穿肠而过

男人和女人不是来自火星和金星,他们都来自地球,想要去往极乐世界,偶尔想要把对方扔到月球上去。如果真的有差别,那就是女人比男人买书多这一事实,但是这不是天生的,也和石器时代没有任何关系。爱对所有的科学而言都是一个奇迹——最大的奇迹。这个世界很有可能是爱用某种方式联系起来的,而不是用我们发现的元素联系起来的。

这本书是不完整的,一个涵盖一切的主题也一样。如果您觉得这本书缺少了对朋友的爱、对享受的剖析以及与孩子的情感联系这些内容,那么我要说,我已经在上本书《福不单行》中写过了。我会尽量避免重复,但是幸福、感觉和爱本来就是一起的。在这里,我给您提供的不是妙方或者概念,更多的是一块拼图。您可以用这块拼图在脑海中与您的自身经历拼接成一个完整的画面,虽然有几个故事和爱情一点儿关系都没有。

近年来,越来越多的人意识到,积极的感情可以使人保持健康并且彼此治愈,作为医生,我对这个现象无比着迷。已婚的人更长寿,或者他们只是这样觉得?爱真的对生活起决定作用,这可不是笑话!爱可以加速伤口愈合,预防心肌梗死,只有为别人付出的人才能获得最大的生命预期。为了幸福,我们需要别人。如果只想自己得到幸福是没有意义的,就像自己挠痒痒一样。这和性爱是相似的:如果一个人只是自己在做,那么总会缺少惊喜。人们会想:虽然这很美妙,但我是自己眼看着高潮到来的。两个人可以使性爱更美好,虽然不是必须要有两个人。

序言。

从精神学角度观察,刚坠入爱河的人有时候会更狭隘。"啊,快看,那边有一辆红色汽车,我家宝贝也是开着红色汽车的。这证明,他刚刚在想我。"这话是在精神病院对医生说还是对闺中好友所说,是有显著区别的。但是他们即使疑虑重重也不会做什么,因为这种精神紊乱会自动消失。自然就是如此设定的,否则人们就什么也得不到了。从爱中获得的健康很少来自因狂喜导致大量多巴胺所产生的醉意,更多的是来自彼此产生的催产素所带来的幸福感。我们不是化学装置,但是我相信,人们只要理解吸引力的生物学原理,就有可能避免一直爱上错误的人。

很多事情都发生了变化,在二十年前,看黄片还是一种禁忌。现在,如果人们不看反而会被认为是受压抑的。二十年之后,如果人们不将自己的黄片在线共享,那么很有可能会被人嘲笑。

关于写作方式的说明:当谈论到男人时,我常常只会用男性的表达方式,我请求您能原谅我。有其他偏好的人也请原谅我,如果在这种偏好中,小男人和小女人之间的种种爱恋形式我没有提到,是因为我对此知之甚少。我是从一个喜爱女人的男人的角度来写这本书的。与此同时,我常常嫉妒女人们。所有的人都会嫉妒,恋爱中的人嫉妒单身之人,单身的人嫉妒情侣,很多妻子嫉妒自己的丈夫,因为他们的婚姻如此幸福。

这本书历时三年才得以完成。关于爱情,我可能和每个人都一样,大概从十五岁起便忙于寻求一个共生的结果。但是喜剧等于悲

003·

○ 爱情穿肠而过

剧加时间，因此我的舞台项目《爱的证明》通过搜索、个人经历和音乐才得以出现，这样在谈论伟大的爱情时也可以提供一些笑料。

因为我喜爱互动，所以我一再跟读者，也就是您，直接聊天。但当我谈到男人或者女人时，我从未想过是指您，而是指您认识的人。

对观众而言，在我出场时也出现了很多意想不到的事情，这些会使他找到通往本书之路，例如我的观众可以在休息的时候填写吵架和爱情卡片："我要和你走到世界的尽头，然后再把你推下去！"或者，"我应该用你那种水平问候你，毕竟你们不常见面。"这些肯定没有人想出来，而且我会唱歌，也就是把歌词写下来，以防您感到惊讶，会以为忽然出现了诗歌。但仍然无法描摹的是，当成千上万的人同时大笑时出现的放松心情，并且每个人都会意识到：我不是一个人在笑。

这本书不会改变任何人。很有可能您还是和以前一样很好，很讨人喜欢。但是如果每个读者都出一个主意，那么就有成千上万个主意，希望这些主意可以使您在接下来的日子里更加轻松，更加真诚。例如，自由拥抱（free hugs）就很鼓舞我，人们在开放的广场提供拥抱，没有居心叵测，也没有利欲熏心。我自己曾在柏林的亚历山大广场试验过。显然很多人都缺少被人拥进怀中这种再简单不过的经历。而在冷酷的大城市，被感动之后微笑着前行是一件多么暖心的事情。从科学的角度来说也是这样，身体接触可以使我们的感觉变好，特别是在有压力的时候。

如果一切都是这么简单就好了，其实本来也就是这么简单。你要爱你自己，然后别人才会喜欢你。爱是路途和目标，但是走弯路可以使人更好地认路。歌曲《自然男孩》中唱道："你能学到最棒的事情就是去爱和被爱。"人们能学到的最棒的事情就是：爱和被爱。我祝福您、大家和我都能如愿。祝您玩拼图愉快，睁开眼睛，打开心扉！

您的艾卡特·冯·希施豪森

催产素和多巴胺、情歌、伴侣、性爱、卡片、争吵、婚姻市场、择偶效仿、浪漫、染色体、钟形曲线

第一章

爱不单行

无条件之爱的催产素

出生的奇迹：我们一出生，母亲立刻就喜欢我们了。这可不是理所当然的！我们在她们肚子里面踢了好几个月，还让她们整晚都无法入睡，担心胃灼热、小腿抽筋等症状，还要增加 20 千克体重，在生完孩子后才发现，她们其实只增加了三千克体重。她们把我们从一个极其敏感狭小的身体部位挤到世界上，这带给她们难以想象的疼痛。在妈妈的想象中，也许我们是微笑着的，通体红润的。但是并不是！我们的身体是蓝紫色的，而且还一直大哭大闹着！妈妈们看到并且仍然喜欢着可以说是刚挤出来的我们。

这怎么可能呢？这仅仅是因为用了大量改变意识的药物催产素。这种催产素是我们大脑中的中枢神经递质，也被称作"拥抱激素"。这种激素对我们的关系和社会行为有着非常复杂的影响，目前科学只能对此进行初步解释。首先，催产素在生产之后会直接大量出现，并且作为进化的有色眼镜。世界上每个母亲看到一个像乳

第一章 爱不单行

酪一样苍白的、脏兮兮的小东西时都会说道:"这是出生的孩子中最美的一个!"作为医生的你站在旁边,不想毁了这么珍贵的瞬间。但是在你的血管里没有那么多催产素,而是有更多的肾上腺素。那么人们会说什么呢?"是,对的,现在在您说话的地方,好吧,在这个病房里已经出生了几个新生儿,在这些漂亮的孩子中,这个确实是最美的!"

一个反例:如果一个人被肾结石折磨,在他不得不方便一下时,就会很疼,并且疼痛会持续几个小时之久。但是我还没有遇到过有哪个男人会在把这个该死的东西取出来的瞬间,自发地对这个石头产生温柔的感情。我也没见过什么病人想要把石头带回家,并且认为自己要对其一生负责,而且在回顾时还说:"这是我人生中最美好的时刻。"这只是因为缺少这种激素。

催产素在母亲生产之后也起到非常重要的作用,主要是确保乳汁的分泌以及促进原来令人痛苦的子宫的愈合。但是母亲在哺乳的时候却常常露出宁静的表情,这背后同样是拥抱激素在起作用。这种拥抱激素通过乳汁到达孩子身体中,这叫作喂奶,因为给孩子喂过奶之后会变得安静。孩子在喝完奶之后会感到心满意足,然后非常快乐地入睡。在性爱过程中也会释放催产素,这也正好解释了为何男人会在做爱后心满意足,然后非常快乐地睡着。亲爱的女士们,你们肯定还醒着,看一下你们男人的脸,这是婴儿吃饱之后的脸。人们无法对一个睡着的人或者一个婴儿认真地生气,

○ 爱情穿肠而过

不是吗？通过我的观察，"无条件的爱"这个想法来自哺乳期，哺乳期是一个典范。

在现实中却常常容易出现偏差，每七位母亲中便有一位在生产之后几乎没有什么积极的情感冲动，而是得了产后抑郁症，并且无法被辨认出来患了这种病症。每十位父亲中有一位会在第一年抑郁，因为在最初的几个月里，父亲也起到非常重要的作用。

一项最新的英国研究表明，特别是对男孩子而言，如果父亲在第一年就很关爱他们，他们便会发展得更好，会有更少的行为问题。一位感情细腻的父亲不仅对孩子好，而且孩子的大脑也不会在青春期时发生那么大的变化。感情结合激素，可以培养出他们温柔的一面。相对于体重而言，睾丸激素会下降。在女人减去孕期的大肚腩时，男人却常常能保持自己的大肚腩。因此父母会体会到生命中新的意义和优先级，例如，睡觉！

自己没有稳定关系的人很难向下一代传递稳定的感觉，而且这种有条件的爱往往在几个月之后就会对彼此变得非常不易，因为这种爱是以共生关系，也就是融合为一个大整体为前提的。但是当孩子开始有自己的意识时，情况会更加令人筋疲力尽。好吧，第一次还有人愿意把奶嘴从地板上捡起来，但是如果到第八次，发现奶嘴不是偶然落地的呢？

一个关于男女之爱的现代理论声称，这是母亲和孩子之间爱的"垃圾产品"。这种使我们作为哺乳动物能够存活下来的原始连接，

第一章 爱不单行

随着人类的进化扩展成了伴侣关系，但只是在使用相同的对接和荷尔蒙系统的情况下。这一方面解释了为什么热恋中的人很喜欢给对方喂饭、挠痒，而且他们的词汇量在几周之后都只剩下"你你你"。另一方面也解释了为什么我们被恋人抛弃之后会表现得像个孩子。我们感到很无助，就像我们四岁时妈妈将我们忘在超市那样大喊、号哭，并且被爱的愿望是高于一切的，就像那时在母亲怀中一样被接受，但是这在真正意义上是有些婴儿质的。

作为一名喜剧演员，我一直感到惊讶的是，为什么总有那么多关于婆婆的烂笑话，这也许和我们的纽带关系是分不开的。每个人都知道，伴侣之间的关系无论在强度还是"起始点"上都永远赶不上母子之间的关系。婆婆是第一个接触他的人，并给予了他第一份伟大的爱，而且在我们之前他可以有别的爱人，但是他永远不会有别的母亲。也许正因如此才产生了这种潜在的嫉妒，而到头来却还要感谢她，有了她才有了我们的爱人。全国的调查显示，在争吵中最经常出现的一句话就是："你跟你妈越来越像了！"

在我们的文化里，纽带关系在形成过程中有两个十分矛盾的事物：自我实现和自我牺牲。孩子是否能带来快乐，取决于父母是把他当作自我实现道路上的绊脚石还是通向其实现的道路，抑或是当作自我价值的提升。为人父母的感觉尤其会给父亲们带来许多积极的感受。因为他们和孩子在一起的时候能获得另一层面的合理性，但是大多数情况下，他们并不承担持续照顾孩子的责任。一项调查显示，越有钱的父母和孩子之间的乐趣越少，也许因为他们总是还在追逐别的东西。就算给他们更多的子女补贴也无济于事，事情并没有那么简单。

甲壳虫乐队曾唱过"你需要的一切就是爱"，爱真的就是人们所需要的一切吗？

从医学的角度来说，没有比馈赠更好的药物了。很久以来被人们视为"安慰剂"的东西其实拥有强大的治愈能力。但问题是，人们很难在药物临床试验中证明这到底是药的效果还是信仰或者是爱的作用。我们从未像试验药物那样仔细探讨过爱的疗效，也许这本身就是错误的。

人们可以给自己开一张爱的药方吗？有个源自佛教的传统，当然它也曾在我们的文化中被多次实践过，我们可以称它为"慈爱的冥想"。凭借这种方式，人们尝试着慢慢去靠近爱的初体验，然后从真正意义上去感受，去培养。我们首先要做的就是在心里想象一个自己很喜欢的人，然后观察哪些感觉会随之出现，并且让这些感觉聚集，变强，接下来，人们尝试留住这些温暖的感觉，即使是在想那些自己并不亲近的人时，这样做也是很好的。马克·吐温曾经推荐过更简单的方式：当一个人开始爱他的敌人时，他也会更加爱他的朋友。

冥想研究有一个自相矛盾的结论：当人单独坐在垫子上安静地跟随自己呼吸起伏的时候，同情他人的能力可以得到训练。而现在

"市面上"已经有"注意力培养"的培训班了,你要做的就是:闭上眼睛、呼吸、微笑。睁开眼睛,当你意识到身边存在的一切后,你会惊讶得如孩童一般,然后你就慢慢地爱上了生活。

为了实现无条件的爱,佛教徒们总有许多的生命轮回。尽管他们从来不知道催产素的存在,但他们比我们明白得早。我们的身体里一直有一种生命之源蠢蠢欲动,并且不断地想要靠近彼此。然而直到现在我们才发现,这些其实从一开始就决定了我们生活的关联。

有个著名的犹太笑话:新教徒、天主教徒和犹太拉比争论生命是什么时候开始的,牧师说:"从第一次呼吸开始。"神父反驳说:"不!应该是从卵子着床开始。"拉比微笑地摇了摇头说:"生命是什么时候开始的?从孩子出门在外,狗也死了的时候开始!"

歌曲与阴影

"我该如何抓住我的灵魂,让它不再向你靠近?"莱纳·玛利亚·里尔克的《爱之歌》让人想到一个伟大的主题:爱与音乐。所有触动你我的东西,就像一道弧线,从两根琴弦中奏出一个动人的声音,把我们紧紧连在了一起。

和谐美好的音乐不在于两个音符互相融合,而在于相辅相成奏出一段美妙的旋律。这就是《爱之歌》从德语情歌海洋中脱颖而出的原因。然而,其实在这片海洋里更多的是浅水滩,而非深水区。正因为爱有那么多难以言喻的东西,才有了不计其数的肤浅情歌。人们开始怀疑思想家和诗人,其中德国的思想家在他们的情感世界面前表现得尤为迟疑。

哲学家伊曼努尔·康德认为,婚姻的意义在于合法使用对方的性器官。然而今天人们开始问自己:人啊,难道不也存在租赁吗?事实上康德根本不了解女性,他从来没有从柯尼斯堡的书房里走出

来过,他唯一了解的温暖的、圆圆软软的东西就只有肉圆了。他一生都执迷于找寻他心中的"自在之物",以至于从来没有体验过当另一个人在你身上发现它时的美好感觉。尼采反复强调:"到女人那儿去,别忘了带上你的鞭子!"然而今天人们又开始问:"对没有鞭子的女人来说,她又能了解什么呢?"

过去几百年间,很多事情发生了变化,然而不仅仅是德国的思想家,诗人们也一直贯彻着他们的思想。几百年来,他们重复不变地歌颂罗曼蒂克式的爱情,那样充满激情,经历着悲欢离合,全身心地投入,又狠狠摔落的爱情。他们的言语是充满危险的,因为他们总是认为世界上存在疯狂的爱情,一旦错过,人们只能在寒冷的深渊里冻死(深渊、深渊、深渊)。抱歉,在深渊里冻死?这无论是从神学还是热力学角度来看都是无稽之谈。然后这也是我们所有人无意识中所置身的画面。在派对上人们总是好奇,究竟有多少受过教育的人能背出所有的歌词。我们需要时间,这样才能用批判的眼光欣赏这些歌词。

我能记得的第一首情歌是在我祖母那里听到的。她喜欢歌剧,还收藏有弗兰茨·雷哈的旧唱片,里面有很多耳熟能详的歌词,比如,"你是我的一切,我与你如影相随"。那时作为一个小男孩,我曾经无数次地想过它究竟想要表达什么。"你不在的地方我亦不会在",什么意思呢?这句话颠覆了我那时所有的世界观。当我对这句话思考得越久,它的意义就越小。回顾这句歌词,我总结出了以

○ 爱情穿肠而过

下几条规律：

一首成功的情歌必然存在几个要素。

要素一：在人们对它深究之前，能快速传唱开来。

要素二：所有情歌的内容如出一辙，只是形式有时变得更加现代而已。

一个例子就是海慈·鲁道夫·昆策对这首歌的歌词进行了改编，改成"你是我的一切，你是我的阵痛"。"你是我的阵痛"？我祖母总是听成"你是我的风湿痛[①]"，而且对于这个男人的描述她完全感同身受。我当然也没有告诉她真相，让她继续留在她的幻想中。

要素三：尽量唱得含糊，让每个人能听到他想要的和他需要的东西。使用一些普遍适用的图片，让看的人感同身受，不禁感叹：我也是这样的！这其实和精神疗法的原理是类似的。

要素四：用英语唱。这样就没人知道你到底在唱什么了。比如用德语唱的"变革的风信"无人问津，反而是英文版的红透了半边天。不过我至今不知道这首歌的主题是什么。算了，我对它也不感兴趣。在我看来，听它还不如点上一支烟的感觉来得更好呢。关键是歌曲内容被评价得过高了。

要素五：法国人也好不到哪儿去。"爱情就像一根烟"，一开始

---

① 德语中"阵痛"听起来像风湿痛。

是火，最后是灰，而烟嘴里全是毒气。

也许女士唱情歌唱得更好？比如玛丽安娜·罗森贝格唱的："他属于我，就像门铃上我的名字一样。"我完全不能理解这首歌，除了你的名字，还有可能是谁的名字？这首歌里的隐喻到底想告诉我们什么呢？没有一个男人喜欢把自己与门铃相提并论。门铃意味着总是挂在外面，不允许进来。也许这是对上门收电视费用[①]的男人的暗示？千万不要仔细推敲情歌，因为从严格意义上说，情歌只有两种模式：

第一种模式：噢，如果你在就好了。

第二种模式：噢，如果你能回来就好了。

很少有歌曲是关于"你现在在哪里"的，对此我们并不感到奇怪。也许你知道一首？那不可能，现在到处都是戏剧般的歌曲。歌词总是描述如何开始、如何结束、如何相爱、如何分离，但是很少描述中间部分。我刚写完一首歌颂长期伴侣关系的歌，如果你不仅想读一读，还想要看一看或者听一听的话，那我衷心邀请你来观看我的舞台剧《爱的证明》。如果想要大声一起跟着唱的话，你也可以去买盘 DVD。

另外有一首彼得·马菲的经典歌曲："这是人生中的第一个夏

---

① 在德国看电视、听收音机都需要向 GEZ 缴纳费用。

○ 爱情穿肠而过

天,也是任何一个夏天。作为一个男人,我看到太阳升起的时候,那就是夏天……"

歌词罕见地深入浅出,出神入化。关于天气?不!只有理解了歌词中的夏天是性关系的暗示,才能明白这首歌的意义。然后才能理解卢迪·卡雷尔唱的:"什么时候真正的夏天才能再次来临,就像以前一样?"如果再也回不到以前那样的夏天,那就去看医生吧,大部分情况都是可以治好的。

德语情歌真正跌到低谷的是罗兰特·凯瑟唱的那首歌:"有时我想要一整晚和你一起拼写'渴望'这个词。"虽然PISA(国际学生评估项目)测试的结果很糟糕,但是拼写"渴望"这个词要花一晚上的时间,这样的歌词对一个拥有那么多诗人和哲学家的国家来说合适吗?

好吧,我已经取笑了太多情歌歌词。其实最重要的是希望大家能够知道自己喜欢的是什么。事实上我在两首歌里找到过非常好的比喻,可惜它们是英语的。贝特·米尔德在《玫瑰》里唱道:"有人说,爱是河流,水波荡漾,浸没轻柔的芦苇;有人说,爱是刀片,任由你的灵魂淌血。"爱是刀片,这是对的。人们身上涂满肥皂泡沫,起初刮得顺利,突然间,咔!刀片割破你的皮肤。即便人们害怕受伤,也不能只用干剃的方法。爱情和刮胡刀都是不能被电动工具取代的!

接下来还有句歌词是:"千万别忘记,深深的寒雪下,埋着一

颗种子等待阳光爱的熏陶，等到来春时绽放美丽的玫瑰。"爱情是一颗埋藏在泥土里的种子，等待阳光将所有的冰霜消融。然后它将生根发芽，破土而出，在来年的春天绽放出美丽的花朵。

谁会花这么长的时间呢？不还有插花吗？

插花或者盆栽，都在爱情里至关重要，因为这两种类型各有特点。插花虽美，却容易衰败，必须找到下一枝插花才行。一枝又一枝，重点是要一直保持新鲜，这就是科学上说的"系列式一夫一妻"，也就是说一个阶段内保持一夫一妻制，而一生中有很多阶段——这里不是指那些福音传教士，这我必须在有教养的读者面前说明。插花有个致命的弱点，那就是与一朵新长出来的花骨朵相比，插花永远不可能生根。

跟插花正好相反的是盆栽。支持盆栽的人说："现在总可以维持更久了吧！"但是他们不得不承认，花盆里不可能永远都是春天。花草也从来不会像人们想象中那样向着天空的方向生长。它们偶尔也会缺水，如果邻居出远门的话，我们必须帮他给花浇水。总之人们不得不时刻待在花盆旁边。

另一首我很喜欢的歌是约翰·丹佛的。他表达了他的怀疑："爱或许是一扇窗，又或许是打开的一扇门，邀你进入，给你更多，即使你迷失自己，彷徨失落，爱的记忆，帮你度过。"爱是一扇打开的窗和门，听起来是完全开放的，但是其实也有一点透风，却又不至于让人感冒。当两人之间的关系很透明的时候，他们也很容易受

○ 爱情穿肠而过

到伤害。"有人说,爱是坚持;有人说,爱是放手;有人说,爱是一切;有人说,不懂爱是什么。"

爱是一切,一切都是爱。关于爱我们又了解什么?什么都没有!谢谢你,约翰·丹佛。

如何选择我们的伴侣

选择伴侣是一生中最重要的决定之一，这不仅决定了我们自己的幸福，还决定了下一代的幸福。几年来，进化心理学家从这个困难的选择中观察到一种普遍的人类行为。如何才能找到正确的另一半？怎样把自己的基因传递给下一代？传统性别论的标准解释是：如何选择伴侣在人类进化史上很早就已经定型了。因此男人总是高标准、严要求，比如对"腰臀比例"，尽管有些人都不知道比例是什么。这是天生的刺激反应机制带来的好处，它是本能反应。

如果问一个男人第一眼吸引他的是女人的哪个地方，他会回答："眼睛！"而女人则相反，她们第一眼注意的是男人说谎的技术。一项研究表明，一个漂亮女人的眼神能让一个男人神魂颠倒，失去所有的教养，即使他也许只是在电话或电脑旁想象而已。我从来没想象过，因为这对我来说多少有点难为情。一旦男人动了心并且努力想给对方留下一个好印象时,他就会变得语无伦次,最后只能站在那儿结结巴巴。

丰满的臀部代表了女人的成熟,这也是男人趋之若鹜的原因。在21世纪,男人不喜欢跟女人交往了三周后才发现她的成熟。女人正好相反,慢慢演化成喜欢会砍树的男人,只是家里却没有合适的花园。是时候审视一下我们的择偶观了,这在今天还有意义。

第一,没有人回到过石器时期。人们不知道那个时候到底发生了什么,是不是男人都在猎熊,而女人都在采集浆果。第二,几万年前一定发生了重大的事情,这些事情直至今天还可以考证。染色体中有很长几段几代繁衍下来都未曾改变过的基因。凭借那些不同的人身上的变体,人们可以推算出人类谱系,然后大致分析出任意两人之间有多少亲属关系,甚至可以画出一张地图,标出今天哪些地方有哪些基因比较常见或者少见。由此,即使没有图画流传下来,人们也可以找出,在原始时期,谁和谁之间有怎样的关系。

如果仔细观察染色体,会发现一些惊人的东西:大约一万年前,有一个新时代的电视节目诞生了——《农民找妻子》!我有一次在ARD①坚定地强调过,在因卡·包策之前已经有伊娜·穆勒办过一个朴素的室内秀叫作《乡村与爱情》,并且拥有许多粉丝。但

---

① 德国电视一台。

是到底是谁发明了这个节目？新石器时代的人？不要跟新 ZDF① 电台混淆，还是其他的目标人群？农民协会主席格尔特·奈特拿解释："《农民找妻子》这档节目与现实生活无关。"

不过，英国的科学家现在对此提出质疑。他们研究了欧洲人口的基因多样性，根据现在欧洲人的 Y 染色体，得出了一个令人惊讶的结论：欧洲当时的男人是从另一个种族迁移过来的，并且他们最终获得了欧洲女人的芳心。那些男人有哪些我们农村男孩所没有的魅力呢？愚蠢的问题。当时根本没有农村男孩，因为当时的欧洲中部还没有人打猎，也没有人口聚集。那些跋涉而来的小伙子来自安纳托尼亚，他们有一个成功的秘诀：农艺！显然当地的女人已经厌倦了狩猎和采集，更愿意和陌生人结为连理。然后，她们在告别失宠前夫的时候会说什么呢？"去种田吧！"所以《农民找妻子》不是西方文化的结束，而是开始！电视节目一般是不会错过生活中的真理的，或者就像伊娜·穆勒说的："容颜易逝，土地永存。"

几万年前的人无法料到，当年他们的成功定居会在电视沙发上终结。难道几万年来择偶的标准从来没变过？不，对另一半的选择已经到了一发不可收拾的地步。以前只要是村子里最漂亮或者最帅气的那个就行了，现在的压力就更大了，要在 70 亿人中找到合适

---

① 德国电视二台。

的那一个。但是我们根据什么来选择？什么决定第一眼的印象？又该如何表现？

得益于现代电脑技术，照片能够切分到更小的元素。这意味着可以从两张脸中制造出一张"混合的脸"。比如说用阴影切割技术把骨骼凸出，脸就显得更男性化了。相应地，如果脸颊饱满一些的话，就会显得更女性化。特有的面部特征，比如眼间距、皮肤颜色、鼻子的角度等一点点地加入陌生的图片里，虽然不能一眼认出，但也能让人油然而生一种熟悉感。

如果要评价几张合成图片，我们会更喜欢长得像我们的脸庞。我们在别人身上寻找谁呢？我们自己！进化心理学家认为，五官长得像的人拥有共同的基因，而人们更愿意与一个适合组建家庭的人一起养育孩子，而不是找一个完全不一样的人。有句话说：夫妻俩总是越活越像。这是对的，这同样也适用于狗和它的主人。有部分解释是：一样的生活方式会导致体重的同时增长。当两人经常大笑或者愤怒的时候，他们的脸部特征也会慢慢变得相似。还有更简单的解释是：两人长得像，是因为他们本来就相似，这也是他们决定选择对方的原因。

根据这个模式有以下一项研究：在天主教城市特里尔，研究者找了50个男人来评价女人的裸照。一部分女人的照片混合了一些男性观察者的脸部特征。虽然不会特别引人注意，但也能让人产生熟悉感。有一半的男人必须将手放在冰水里保持3分钟，以此来人为地让他们处于压力状态下，使其心跳频率加快，血压以及应激激素不断上升。手被浸到冰水里的那些男人更倾向于选择与自己长得完全不像的女人，而放松状态下的男人则选择与自己相像的女人。异性相吸显然是存在于我们处于压力状态下的时候。

有句名言形容稳定的伴侣关系：物以类聚。我们熟悉的东西通常值得信赖，并且也能帮助传递特色和共性。如果在紧张的状态下选择一个完全不同的东西，那么我们很容易陷入极度混乱：寻找得越绝望，越容易犯错。

对我来说，这项实验引发了新的问题。学术研究表明，其他动物也是一样，压力能提高繁殖的本能欲望。我知道很多人都私下肯定过，在压力状态下生殖欲望会减退。有没有这种可能，本来有一个很好的伴侣，却在压力下错以为是不合适的？我也不确定的是，为什么当裸照摆放在他们面前时，他们会脸色突变？为什么要在他们观察 50 个裸女照片之前泼上一盆冷水？也许应该把冷水放在看照片之后。

不过不必对这些两性关系行为研究太过较真，因为这些研究的对象大多数是心理学的学生。最广泛的研究是生活，假设我们只受基因支配的话，那么拥有一样基因的双胞胎应该会选择相似的伴侣吧。然而事实并非这样，总有很多出乎意料的事，通常他们都会有自己的选择。

当然我们也受基因和进化的影响，它决定了我们面对一些人和一些事时会心跳加速。如果性器官是长在两臂之间的话，也许人们就会说：你有多么美丽修长的双臂啊！谁知道呢？

　　还有，为什么只研究男人呢？什么时候男人的反应开始和伴侣选择搭上关系了？男人宣称：选择由女人来做。当一个男人所选择的女人已经做出相应决定的时候，他的压力就会减少很多。男人可以在雪地上画出来一个名字和一颗心，但是女人有决定权。

非常有用的性爱建议

被标题吸引了？很多杂志封面也都以性爱和减肥建议为标题来吸引读者。人们总是满怀希望地买下这些杂志，幻想在一星期内就变得性感苗条。好吧，如果这期杂志在一周内不能成功把我们打造成另一个詹妮弗·洛佩慈或者布拉德·皮特的话，下周还会有新的杂志出来。尽管我不知道这两位在现实生活中有多少性爱乐趣——当然前提是他们有真正的生活或者性爱，每次都不是和彼此，这是人们听说的。这又太相信八卦杂志了！

最近的杂志封面上写着：户外冒险妙招。我充满期待地买了这本杂志，抱着研究的心态看一看，说不准真能学到点什么。然而里面的妙招就是：请带上毯子！一开始我对这本杂志很生气，后来我怪自己太天真，居然相信上周的这本杂志能有些关于性爱的新东西，性爱在这个星球上已经存在了几百万年。

另一本叫《我曾在理发师那里》的女性杂志上写到，男人要给

女人惊喜，有的时候也要玩玩野蛮游戏：直接抓住女人的头发拖到床上。这可是登在女性杂志上的！同一本杂志上还写着：短发。你已经知道了，这本杂志有多么不靠谱。继续往下读，男人还应该找一些不同寻常的地方，比如地下室或者洗衣房，然后坐在洗衣机上享受脱水时带来的不一样的高潮感受。你可以觉得这场景可耻，但是别太往细里想了。我曾经试过，可以偷偷告诉你：事实不是这样的。但是原因在我，我们坐在了干衣机上。

难道这个主题没什么理性的东西吗？还是学术一点更好？

随着时间的增长，性交频率以指数速度降低。具体来说，如果你在前两年每次性爱后都向杯子里放一颗弹珠，从第三年起每次拿走一颗，杯子永远不会变空。这纯粹是统计学上的规律，我不是先向你泼冷水，相反，你可能比你想象的更正常！别人做爱的频率不会比你高。令人惊讶的是，性爱频率和年龄无关，和两人关系的持续时间有关系。两个才认识两年的50岁的人做爱的频率会比两个已经在一起10年的30岁的人还高。无论你多大，你都会成长。

不要天真地认为两人在认识10年后会突然回到刚认识的那几个星期。如果他一直都在身边，你又怎么会想念他呢？大自然特意这样设置，让盲目的冲动慢慢减退，否则我们会失去所有。另一方面，试想我们等爱的魔力消失后再繁殖后代，那么我们早就已经灭亡了。这就是我们文化的困境。我们总是想在同一时间拥有所有的东西，其中包括对人的占有欲。这在理论上可能会实现，实际上却不可能。

大部分的恋人要么处在彼此熟悉的阶段,要么处于热恋阶段。在我们的大脑里也有两种截然不同的激素调节机制。在刚开始确定关系的时候,多巴胺、狂热、欣喜、陌生、禁忌成为情绪的主导。有些人可能还记得这些,随着时间的增长,催产素的量也随之增长,维持两人关系就开始靠信任与联系,比如说共同的经历、目标、孩子、房产和信用卡,以及两人在一起的时间。或者更加文艺地说,爱情使人盲目,而时间能恢复视力。如果他已经赤裸着身体躺在你旁边,还要如何去追求他呢?已经没有了那种紧张刺激的感觉。动物也不是在笼子里繁殖的。所以很多人在做爱的时候会把对方想象成另一个人,这样就会感觉更加刺激。这也没什么好谴责的,只要不喊错名字。

当人们开始把自己当作另一个人的时候,就出现自我价值的问题了。男人在做爱时相当于消防员,当火越燃越烈时,对他来说重要的是快速解决。而女人更像是壁炉里的木头,随时准备被点燃,但必须是在条件符合的情况下。人们也可以从狗的身上学到关于性爱的东西,比如数小时的恳求,还有装死的把戏。

在什么典型情况下会分手?当多巴胺减少而催产素还没有形成时,人们会开始冷战,甚至憎恨对方,就像那句话说的:"我也不知道是什么在驱使我。"容易分手的第二种情况:信任已经建立,而欲望却在消退。有一句经典的话:我们做朋友吧。第三种情况,也是

最理智的情况：两人在一起，却保持朋友的关系！这听起来一点也不黄色，而且还很理智，但是不一定是这样的。

性生活少对很多人来说不代表两人关系不好。相反地，人没必要一直通过性生活来展示自己的魅力，它可以体现在别的方面。你也许要问了，谈论这个世界上最自然的事为什么需要花费这么多的口舌？好吧，到底哪些是真正有用的建议呢？

1.爱抚的时间非常重要。以前是想做的时候就做，做到天亮也没关系。现在有了工作和孩子，早晨压力太大，晚上太累，突然就觉得睡眠比性爱更重要了。

两人可以约好，定一个合适的时间，最好是在一个不被打扰的地方。周五下午4点或者周日上午11点。两人可以根据做礼拜的时间或者孩子兴趣班的时间来定。相信我，为孩子报两节周五下午的竖笛课绝对是值得的投资！也许读到这儿你会突然明白，为什么你小时候总是要上竖笛课。抱歉，那个时候想不到这些事，否则你也不会有弟弟妹妹了。

2.彼此聊天。一开始两个人总是保持沉默，因为年轻、狂野，所有的东西都容易很快过去。但是两个人认识得越久，了解得越深，交流就显得越重要。因为每个人喜欢的刺激点不一样。性治疗医师们甚至提到过"色情的指纹"，这不会发生太大的变化。人不会突然变成同性恋、恋童癖或者恋尿布癖，也不会因为某种工作改变。人们找工作时会找能给自身带来满足和愉悦感的工作，比如芭

第一章 爱不单行

蕾舞者、牧师或者帮宝适代言人,他们的职业选择不仅与职业有关,还与自身特点有关。

现在看来可能很可笑,但有很长一段时间以来,医学界普遍认为同性恋者可以通过治疗变成异性恋者。直至 20 世纪 70 年代,同性恋还被认为是一种临床诊断病症。按这种理论来说,每周一都会有上百万的人打电话给老板请病假:"今天不能来上班了,我还是同性恋。"——"祝早日康复!"医学的奇迹没有发生,但是幸运的是发生了性革命。性革命带来了那么多自由,以前那么多的道歉也随之消散。如果不把性生活的失败归结于宗教、社会和教育,那应该归结于什么呢? 1968 年后发生了什么变化?女人越来越容易满足,也不再对此感到羞愧。男人一直都很容易自我满足,但是现在他们对身为男人这件事感到羞愧。

上一代的人还认为,男人自我满足的话容易盲目。这妨碍谁了吗?每个人都愿意尝试第一次失明,就像那句话说的:来吧!一只眼睛我还是牺牲得起的。医学上的令人振奋的研究结论是:手淫能防止前列腺癌。终于有一项预防措施能激起男人的"性"趣了。

另外,了解自己的身体也很重要,它能帮助你和别人制造更多乐趣。如果幸运的话,你能找到一个和自己有些许共同爱好的人,但是两个人不可能有百分之百相同的爱好。一个人如果总想着同时满足两个人的需求的话,会失去很多可能性。因为在这方面不存在任何固定的游戏规则,你可以自由发挥、互相谈判、互相交换。用

有人特别喜欢的东西去换另一个人完全不喜欢的东西。反过来也可以，比如用两次早泄来换一次修剪草坪，或者带有前庭和前戏。

3. 舒服的抚摸。女人经常喜欢温柔的抚摸，就好像被一根羽毛轻轻刷过一样。男人更喜欢被有力地抓住。但是每个人都不一样，根据著名小说《五十度灰》，只要对方觉得舒服，做什么都可以。只要能让人失去理智、忘记自我就是成功。法国人把高潮叫作短暂的死亡。当你继续呼吸的时候，那就和真的死亡无关了，能够继续呼吸总归是好的。

心生疑虑的时候就提问或者回答！总之，最重要的建议就是：不要让你的爱人在黑暗中摸索，口头或者非口头地告诉他你想要什么，喜欢什么。有人会说："看，如果有人这样戳我胳膊的话，我会觉得超级棒。"另一个人可能说："不会吧，胳膊？对我来说没有一点感觉，我从来没见过喜欢胳膊的人。我不会这么做，太奇怪了。"但是他也可以说："谢谢你告诉我。我自己绝对想不到胳膊的触碰对你来说会是这么美好的感觉。让我更好地了解你吧，怎样更舒服呢？是多一点抚摸还是多一点按压？"在引起更多沮丧之前，我要说明一下，胳膊只是一个例子而已。

爱的证明卡片与争吵卡片

这本书里反复出现的这些卡片和主题有什么关系呢?

卡片只是实验的一部分。这个实验我每晚都要和那些来看我的舞台剧《爱的证明》的观众一起完成。我把观众从中间分开,分为"争吵之队"和"爱之队"。在休息时,"争吵之队"要把他们说过的或听过的最难听的话写下来,而"爱之队"把他们经历过的最美好的事记录下来。

在第二部分开始时,我会调查他们的心情,每晚都是"争吵之队"的心情比"爱之队"的差一些。这也没什么惊讶的,回忆15分钟那些糟糕的经历对谁来说都是痛苦的。那些在争吵中说过的话通常都比爱的证明要有趣得多,至少对其他人来说是这样的。但您自己评价,自己笑。

这里收集了三年巡演中最经典的话。最经典的一句吵架用语是:"和我说话的时候不要摆出这样的嘴脸!"最美的一句爱的表白

是:"对别人来说你可能是个残缺品,对我来说却是独家制造。"

在这里我向所有参与过的观众表示感谢,也许您会在我的书里发现您写的东西——当然都是匿名的。

对您来说哪些是爱的证明呢?您又在争吵中说过或听过哪些难听的话呢?

您也可以填一张卡片!

| 订阅报名邮箱地址 | 请写得清楚一些,医生也要这样。这个邮箱地址只是为了统计日期和发表的信息。我们不会给您发送垃圾邮件或将您的邮件转发他人。 | 爱的证明
哪句是我说过或者别人对我说过的最美好的情话呢?
有哪些行为或经历让我相信了爱情?
....
....
....
....
hirschhausen.com 更多信息和所有日期都在 www.hirschhausen.com | 爱的证明
艾卡特·冯·希施豪森 |

| 订阅报名邮箱地址 | 请写得清楚一些,医生也要这样。这个邮箱地址只是为了统计日期和发表的信息。我们不会给您发送垃圾邮件或将您的邮件转发他人。 | 争吵
我在吵架的时候说过或者听过的最难听的话是什么?
有哪些行为或经历让我相信了爱情?
....
....
....
....
hirschhausen.com 更多信息和所有日期都在 www.hirschhausen.com | 爱的证明
艾卡特·冯·希施豪森 |

争吵的高超艺术

为什么爱整个人类比爱其中某一个人更加容易呢?

一个 100 岁的老人曾经在电视上被一个不耐烦的记者追问过:"您有什么秘诀能活到 100 岁呢?请用一句话描述!"这个老人想了一会儿回答说:"我从来不与人吵架。"记者很失望:"这不可能是全部的秘诀!"而我却想说:也许您说得对!

从不吵架是不现实的。美国心理学家约翰·哥特曼几年来一直致力于研究争吵是如何影响爱情的持续时间的。他的研究结果令人震惊:只需要 15 分钟就能看出吵架中的情侣会不会在一起。因为争吵时我们总会暴露出凶悍的一面,以至于几句话就能把一些事摧毁,而这些事用几句好话是弥补不回来的,有的时候甚至再也不能弥补回来。

这些说出口的话就像一块被人扔出去的石头,在扔出去那一瞬间,人们才希望能够抓住它,拿回它,或者以任何方式阻止它砸向目标物，然后破坏一切。或者对年轻一代来说，这就像发短信，发完后才发现：噢，糟糕，发错人了！这也许就是为什么不信教的人也开始敬畏起上帝来，他们仰头看向天空然后结巴着说："信号漏洞啊，当我需要你的时候你在哪里？"

不是所有画了鹿角①的都是屁股！

哥特曼研究得出的必然结论是：最好不要让这些话说出口或者干脆别发短信。他的"黑色骑士"，即破坏两人关系的征兆就是那些憎恨、讨厌、轻视的时刻，或者是每个人都经历过的——彻底冷战。男女在吵架时的感受是不一样的，虽然听起来有点老套，但是女人确实更喜欢讨论两性关系。她们一直说，一直说，直到彻底抓狂，然后戛然而止。令人气恼的是，有时这对男人来说不是直接的惩罚。我表达得够清晰吗？

条件经常很重要。比如什么时候经常吵架？是和平解决的机会很小的时候，还是在时间紧迫时，醉酒之时，或者激素水平下降、大脑不清醒的时候？然后我们就会用言语甚至瓷具攻击对方，直到对方相信。人有的时候真的会变成疯子。

压力之下，我们首先会戴上护目镜，要么逃，要么战斗，没有第三种选择。在如此激动的状态下，我们眼中是不可能有别人的，也不能从他人的视角看世界。我们的表现不会比一只受了惊的母鸡

---

① 鹿角是德国人经常画在屁股上的一种文身。

好。我们站在篱笆前，像动物般激动，拍打着翅膀却怎么也飞不过篱笆。拍打着、叫喊着，试图用脚去扒地，却始终不能飞过篱笆，也不能从下面穿过去，然后困在篱笆的网孔中挣扎惨死。母鸡到最后才看到，篱笆另一面的风景是如此之好。

母鸡本来应该做的只是向后退三步。隔了一段距离后，它应该就能马上看到，篱笆其实只有一米宽！只要绕过篱笆走出去就好了。保持这段和自身问题的距离就叫幽默感。母鸡没有，人有，但是一吵架就没了。

约翰·哥特曼同时描写了幸福的情侣，他把他们叫作"婚姻大师"。他们有哪些特征？比如他们总是把吵架当作一种游戏。他们甚至知道，他们的另一半在哪个点会受伤，但是他们也不是闭口不谈，而是轻描淡写地过去了。这些情侣不是圣人，但是他们会有意识地或者自觉地去遵循行为上的法则。这些法则我会在下面的几页中提到。也有情侣很喜欢吵架，因为他们把吵架当作前戏。直到有一位女士曾经公开表明，她所经历的最棒的性爱就是在和她前夫离婚那年。"这太令人兴奋，因为我们都有一种感觉，我们在欺骗我们两个人的律师。"

为什么对很多人来说，挑衅和欲望是相互关联的呢？有一种很简单的医学心理上的解释。设想一下，高潮时人的脉搏是每分钟200次。但是如果坐或者躺在沙发上，脉搏大概只有60次，稍稍抚摸后可能达到80次。但是要让一个人激动到擦出火花还是很难。

而吵架比抚摸更容易让人激动。先激动地争吵，等到两人脉搏都跳到 180 次后，离 200 次也不远了。现在只需要从争吵中挣脱出来，然后滚到床上。和好时的性爱自有一番风味，人们常常听到这样的说法。

愚蠢的是当准备做爱的时候，内心还在生气，也许两个人都还没消气。为什么在睡觉前和好很重要呢？有一对睡觉前还在闹别扭的夫妇的故事可以很好地解释这一点。因为丈夫第二天有一个重要的约定，他就在桌子上给妻子留了张字条："请明天早上 7 点叫醒我，这很重要！"两个人后来辗转反侧，难以入眠。第二天早上，丈夫在疲乏中醒来，他的妻子已经起床了。他看了一眼桌上的闹钟，发现已经 8 点了，他严重睡过头了。在闹钟旁边有一张字条："现在已经 7 点了，你必须立即起床，这很重要！"

回到研究上来，争吵的时候也会产生应激激素。有很容易强烈激动的好争吵者，也有差不多就放松下来的争吵者。那些把争吵和肾上腺激素当作长生不老药的情侣，两年后还在一起的概率比那些性格温和的情侣要小。正是那些坚持认为暴风雨后的天气更加美丽的人低估了乌云的影响，当太阳重新出现的时候，他们原谅对方，然后各自离开。两人关系稳定的话，在争吵时是不会轻易质疑两人的感情基础的。反之，关系不稳定的两个人应该通过大笑、开玩笑或者表达好感来让两人的关系不破裂。

英语里有个词叫"消极进攻"。因为冲突往往不会直接体现在

表面。我听过人们吵架时说的最有道理的一句话是一位女士说的："从现在开始不要再掩饰了,把话搬到台面上来说!"根据我贫乏的经验,争吵时看似有力和有逻辑的言论往往在情感的复杂世界里只会火上浇油。非暴力交流理论的开创者玛莎·罗森贝格说得很精辟:"你想要有理还是幸福?两者不能兼得!"

年轻人啊,如果这对你们太复杂的话,简单的规则就是:当你们意识到你们在无理取闹时,请立即闭上嘴巴。当你们意识到你们有理时,也请闭上嘴巴!

如果在暴雨过后的一周再问一个人,在争吵时他希望对方给出什么样的反应,回答往往很惊人:"我不要争吵,不要理论,不要对错。我只要一个人能够紧紧抱住我。"

约翰·哥特曼和另一位心理学家早就对80年前的一个研究两性关系的理论提出过质疑。总是谈论两人的关系问题对两个人来说不是什么好事。问题的大部分不全是来自生活,也不是来自那么多的讨论。有研究证明,经常谈论家长里短的情侣比谈论一些深刻话题的情侣更加幸福。总是想了解对方更多细节的情侣在生活的方方面面都感到更加满意,从学校最喜欢的课程,到工作中正在接手的项目,甚至到享受一杯茶或咖啡。

我有一个朋友是个情感咨询师。他曾经跟我讲过咨询过程中发生的很多小事。其中一些感情没有问题的情侣也会来做咨询。有一对情侣就在他那儿做治疗,原因是他们两个对于卫生间厕纸

○ 爱情穿肠而过

的摆放意见不一致。一方认为，卷纸的一端应该向前摆放，另一方认为应该朝墙摆放。这还不够，每当一方离开家里时，另一方就默默地把卷纸方向改回来。直到现在他们才第一次在咨询师那儿表达自己对卷纸的意见。之前他们对此事一言不发，心里却想："难道我们俩真的没什么可说的吗？""关于这个问题我们上个星期就讨论过了！"

现在有很好的预防措施提供给情侣，比如来自瑞士的弗莱堡压力预防训练或者"两性教程"。尽管沟通技巧能给人很多帮助，但很少有人意识到它在维持两性关系上的重要性。其实这很奇怪，人们坐车的时候也不是坐进去就马上开车的，副驾驶的问题比全自动驾驶还复杂。如果其中一方有起床气，那就不要把这当作是个人的问题，而要看作一种性格，也许不能再被改变了。问题往往不是问题本身。

作为一个清教徒，我真的很羡慕天主教徒的坦白和宽恕。我在很多情侣身上观察过，只有经过一个正式的仪式，标志着矛盾解决和理解、原谅时，两个人才能真正度过危机，重归于好。

很多人却一直揪着犯罪感不放，或者在每一次争吵时都要提醒对方：你还欠着我呢。犹太人有条关于比例适当的基本法则：如果一个错误的行为没有持续半小时，那就用不着用半辈子去忏悔。

只要愿意，就可以找到属于自己的仪式，把战争的武器重新埋葬，紧紧拥抱两分钟。去意大利餐馆享受两小时或在意大利待两周,自己决定。

哥特曼还发现:人如果说了一次蠢话后,即使再说一次好话也是没法弥补的。因为负面的东西比正面的东西对人的影响更深。说 5 次好话都不能抵消 1 次消极的对话时,94% 的情侣都会分道扬镳。这意味着,只要您高兴,您可以随时吵架,只要在吵架期间能把负面情绪都消除干净。不是争吵的数量把情侣带到分手的边缘的,而是"关系账户余额不足"。需要说 5 句好话才能平衡因为说了 1 句伤人的话而减少的"余额",而且在说完 5 句话后人们也不会变得开心,"账户余额"只是重新归零而已!

"伴侣选择就是问题选择",女人总是希望男人能改变,而他们从来不改变。

男人希望女人不要变,然而她们却一直在变。

避免争吵的6条建议

建议1：处在放松的环境里。

有一个虽然老套，但是很有用的建议：好好利用和睦相处的机会。通常当我们在压力下、疲劳时、低血糖时或者三者同时存在的情况下，很容易和对方起冲突，这属于不利的情况。比如你们可以约好，在晚上10点后不要谈论尴尬的和可能引起伤害的话题。因为我们的理智在10点左右也该上床了，这是应该的。但是我们的感觉和身体却还清醒着，所以我们会做出那么多失去理智的事，让我们第二天早上难受不已。在散步的时候，两人也能比关在家里或挤在角落更加放松地交流。

建议2：中断比赛。

当你意识到自己开始行为不当，犯规甚至伤害别人时，和你的另一半说好一个比赛用的信号：超时！短暂地休息一下，或者更长时间地休息，最好睡一觉，如果可能，一起睡觉。第二天，世界看起来又不一样了。

建议3：幽默。

准备两个红鼻子。当你觉得大脑发热、血气上涌、怒发冲冠时，你可以学母鸡叫或者做鬼脸。把红鼻子戴上时，整个人看起来就会完全不一样，世界马上也不一样了！当有人朝你的头扔东西时，这个情感安全气囊会保护你。当他吼着"你和你妈越来越像"时，你对自己和对方就不会那么严肃了。试一下，这真的有用！经常有观众写信给我，他们用这种简单的，但是很有用的方法化解了很多争吵。

建议4：制造意外。

如果身边没有红鼻子的话，手机和相机也可以帮忙。在吵架时突然打开相机，朝着他/她说道："亲爱的，保持现在的表情，我想永远记住现在的你！"好吧，如果这样他/她都没笑，那就分手吧。

建议5：寻求帮助。

为了降低吵架的活力，以下的思考也有一些帮助：每件事都有三面。一面是我看到的，一面是你看到的，还有一面是我们两个都没有看到的。所以在僵持不下的情况下也可以去外面寻找帮助，从

朋友那儿、教练那儿或者治疗师那儿，从一个听了两个人的叙述，再补充自己看法的第三方那儿。并不是争吵的时间长，解决问题的时间就一定长。

这本书里所有吵架时的对话都是真实的，都来自我舞台剧《爱的证明》的观众——第一眼看起来都是很有教养的观众。很多匿名的观众承认，他们曾经说过很愚蠢的话，比如："你所有的牙齿都会掉光，只留一颗让你一直牙疼。""希望你下次在船上小便的时候不要掉到水里去。"还有更夸张的："只有两种观点，你的和错误的。"

当人们一个接一个读这些话时，会发生两件事。一件事好像是一场新的争吵开始了，通常这些不同人说的话可以配合得天衣无缝。这就显示出，在吵架高潮时根本没人在意是什么话题，或是谁先引起争吵的。因为这些话太普遍了，没必要对号入座。另一件事是人们开始大笑。因为比起自己吵架，在看别人吵架时更容易发现自己当时是多么愚蠢！

建议 6：尝试精神上的柔道。

交换位置，然后问自己："如果争吵双方是我们邻居的话，那这场争吵有什么可笑之处呢？"

婚姻市场的10条黄金法则

婚姻市场是世界上最残酷的市场。市场上永远稀缺的商品——优秀伴侣。在爱情里不只有精美的商品，还有商品和股票交易所的分配战争。当我在伦敦银行看到当今的离婚率时，深深感受到有些人是多么冷酷无情。突然之间股票跌了，很多夫妻就分开了。说得不好听，就是女人把男人踹了，就像男人之前抛掉股票那样，两人互相排斥。但是在物质世界的交易里，"用钱和信用卡来交换光滑的皮肤和光鲜的社交生活"是一贯如此的。

以前有媒人介绍或者他人安排婚姻，现在有些地方还是有这样的婚姻。自由选择伴侣从文化上来说是一个巨大的进步，但是它也让我们的生活不再简单。以前在村子里，你最多从三个候选者里选，现在在地球村里，人们突然有了几十亿的选择，尽管如此，人们还是越来越觉得很难做出正确的选择。

让我们看一下医院里的夫妻。一个有自己法则的典型场所。因

○ 爱情穿肠而过

为需要加班和夜间值班,医生、护士以及医院的其他员工没有机会通过正常的途径认识他人。所以在医院里,员工之间经常互相调情并且结婚。

比如医院里层级相当的结合模式是:男人与女人、男主任医师与女主任医师、行政科长与女护士长、护工与女护理、女秘书与男秘书。以下规则,当然也适用于其他职业的人。

第一条法则:男主任医师很少会选择女主任医师。两人有同等的社会地位对男性来说压力太大。看一下那些以事业为重的人,他们更喜欢比自己年轻的,文化水平不一定和自己匹配的人,女护士长或者女护理比较适合。

第二条法则:女主任医师相反,绝不会选择一个男性护工当伴侣。原因有两点:一是女人传统上喜欢地位比自己高的男人,二是男性护工对女人不感兴趣。

第三条法则:女秘书也不喜欢男秘书,当然也不喜欢门卫。女人喜欢比自己赚钱多的,这很容易找到,因为有足够多的男人不希望找和自己经济能力相当的女人。女秘书会选择行政科长。

第四条法则:在这个分布图里必然会剩下两个群体——愚蠢的男人和聪明的女人。因为愚蠢的男人也不会看我这本书,所以我们可以公开地讨论。这类人从来不知道市面上还有充满魅力的、聪明的、独立的女性。因为当他们在网上搜索 Parship① 的话，他们会输入"sch"②，然后转而被动态广告吸引住了。

第五条法则：聪明的女人有以下几种结果，她们选择和其他聪明的女人在一起，这往往发生得很低调，或者她们分享一个男人，这就不浪漫了，但她们认为 50% 投身于一个好男人比 100% 投身于一个坏男人要好得多！这种分享策略有两种可能：地下或者公开。相同的时间、不同的地点，或者相同的地点、不同的时间。很少有分享者是在同一时间认识同一个男人的。

第六条法则：在德国经历过最多可能的就是大众总裁费尔迪南·皮艾希，一个男人，四个女人，12 个孩子，这在别的文化里叫作一夫多妻制。这在德国是被禁止的，因为这属于敌对妇女。确实是这样吗？如果一个男人通过权力和其他资源同时拥有 4 个女人，那就有三个脑袋还不错的穷小子没有着落！所以一夫多妻制本质上是敌对男人的。把这解释说给爱丽丝·施瓦茨③听吧。

第七条法则：当今世界上很多矛盾是由婚姻市场的分配战争引起的。哪里有战争？在那些生活着很多没有信念的年轻人的地方，那些人既得不到社会地位的提升，又得不到女人，没有多少可以失去的东西，所以容易变成暴力的玩偶，直到人们答应给他一个少女。

---

① 德国相亲网站。
② 德语中常用"sch"，而不是"sh"。
③ 德国著名女权主义家。

○ 爱情穿肠而过

德国在四百年前也是这样的：三十年战争的时候人们有很多孩子。大儿子继承家业，二儿子去了教堂，三儿子参军。如果只有一个孩子的话，你会怎么做呢？争取和平。比起那些卓越的政治策略，避孕药的普及更加促进了欧洲长期以来的和平！

第八条法则：我们把最后的年轻男子送到已经有太多不能抑制的男性激素的地方去，而我们还很惊讶为什么那些地方的情况没有改善。送渴望女人的男人去阿富汗，这才是人道主义援助！或者至少送到梅克伦堡——前波莫瑞州的村庄里去。不是我在故意挑衅，你也看到了，看似如此平静的伴侣选择过程中隐藏了那么多导火索。其实真正的原因是：重男轻女的社会模型已经不复存在了。

第九条法则：在西欧，几千年来的男性统治被彻底推翻了。当今女性有自己的教育、自己的财富、自己的需求。她们不再需要养家糊口的人，她们需要一个照料者！她们理所应当地对自己说："如果我也能有年轻的资本，为什么我要把最好的年华浪费在维持年轻上？"现代女性会不顾他人看法地选择因为皮艾希先生一夫多妻而剩下来的三种男孩类型的其中一种，然后培养他们并给予他们第二次教育。其中虽然有很多乐趣，但也不会带来长久稳定的关系。利兹·泰勒说过："每个女人都应当有一个比自己年轻的爱人。她可能不知道自己在做什么，但是她整晚都在做。"

第十条法则：唯一能拯救男人的就是幽默。在每一个个人专栏

上都会写上GSOH①——良好的幽默感！所有女人都说：我想要一个有幽默感的男人。而对"你认为，女人最重要的是什么？"这个问题，所有男人都回答说："她们的幽默。"但是小心，他们说的是另一码事，女人想要有趣的男人，男人想要懂得他们有趣的女人，所以我们又回到了第一个问题上。又是一个轮回。

---

① Good sense of humour 的缩写。

夺人所爱时的刺激

如果你还相信罗曼蒂克式爱情的话，直接跳过本篇文章吧。在这篇文章中，你会了解到伴侣选择的黑暗面，而我们和动物一样都有这些黑暗面，无耻、狂放、惊天动地。最糟糕的是，尽管人们不同意，但是潜意识里早就已经这么做了。

当一个待嫁女在派对上看到一个帅气男人在女伴的陪同下穿过大门，她会往哪儿看？看那个女伴！正因为她对那个男人感兴趣。在这种拐弯抹角的思维方式里，女人要比男人强得多，而且女人必须强。因为对女人来说，找一个合适的对象很难。而对男人来说，很容易有自己的标准，这些标准实际上都很肤浅。夸张来讲，他们找的就是年轻的承诺和良好的基因：一个有着光滑皮肤、成熟身体的漂亮女人。只看第一眼，千分之一秒内，脑中就已经很清楚了。女人在挑选养家糊口的男人时要多考虑一些，而很多特质是一眼看不出来的，必须仔细琢磨。好男人总是稀缺品，当然他们

也有隐藏的缺点。

一个金玉其外败絮其中的男人对一个女人来说有什么用处呢？比起他西装的质地来说，确认他是由哪块木头雕琢出来的会更有保证。对潜在的竞争对手来说，女人的质量很好评估，当然她自己也是竞争者中的一员。她知道一个人的穿着和性格是否低级。从这方面也可以看出一个男人的品位、喜好和能力。

有些特性是直接看得出来的。但是通过观察身份的象征来判断也有缺点，很容易被欺骗。劳力士不一定是真的，保时捷可能是借债买的，博士学位可能只是两个单子拼接复制过来的。哪些才是真正有象征意义的？那些所有人买不到的东西！那些花足够的精力才能获得的货真价实的东西！首先是能力。有一首流行歌曲写得很好："人必须会弹钢琴。谁会弹钢琴，谁就能获得女人的欢心。"能够控制乐器意味着能够控制自己，因为练习不是那么有趣的事。能把乐器掌握得如此熟练，必定花了很多时间和精力。世界上全部的金钱也买不到"八天成为钢琴家"的快速提升课。所以精神上的能力更昂贵，它不像物质上的财富一样会骗人。

可惜我不会弹钢琴。小时候虽然上过两年课，但因为我实在懒得练习，我父母也并未逼迫我。在青春期时我甚至还可以换一种乐器学习——吉他，借此来吸引女生。我想在篝火旁唱歌以捕获芳心，因为我明白，在篝火旁弹钢琴虽然能像火一样持续的时间更久，但是有逻辑上的错误。虽然它很浪漫，但是在弹到第五次和弦时，所有人都已在歌声中渐行渐远。计划泡汤了，夜深了，所有人都在唱歌，越靠越近。不知从何时起，所有人都在互相摸索，只有我傻傻弹着琴，空不出一只手来。

如果不会乐器的话，也可以通过别的耗时的爱好展现你的地位。因为我和波利斯·贝克①是同一年生的，在我的少年时代，网球十分风靡。一些好的俱乐部常常挤满了人，这让社会精英人士感到很厌烦，原本是他们专有的娱乐项目却变成了全民爱好。突然间，全民的重心又转移到了高尔夫上。现在高尔夫也流行于社会中层了，几乎只有马球运动还是小众运动。我不是在说英国的薄荷糖，也不是在说德国的小轿车②。

说实话，我不知道高尔夫的魅力到底在哪儿。我只知道这是一个敏感话题，因为长久以来有个偏见是：你还有性生活吗？还是你已经开始玩高尔夫了？有一次我在游轮上看到一个高尔夫模拟装置，你可以在一个虚拟高尔夫球穴区前练习挥杆、进洞。因为在海面上是不可能再找到抛出去的球的。我看到这个装置，几乎达到我逻辑思维的边界，如果高尔夫是性爱的象征，那高尔夫模拟装置意味着什么？有时我就喜欢思考这些问题。

另一个例子：你是否知道亚马孙鳉鱼？在这种墨西哥淡水鱼身

---

① 著名网球运动员。
② 两者均与马球谐音，都叫 Polo。

上，自然界的法则完全颠覆。它让我觉得未来会变成这样：女人完全独立，男人变得多余。因为这种鱼类只有雌性，通过自我复制来繁衍后代。这意味着它们不需要别的基因来孕育后代，它们是单性繁殖的。虽然这个术语不太符合事实，因为它们已经不算"处女"了。也许是对它们进化初期性生活的缅怀，为了与自然界繁衍后代的方式保持一致，亚马孙鳉鱼也需要一个交配仪式。因为它们当中只有雌性鱼，它们只能与近亲的种族进行交配。但是其中不会有任何物质的传递，这全部只是一场秀。

但是为什么这些雄性鱼愿意一直做这件事呢？难道它们不觉得自己被"利用"了吗？某个时候它们一定意识到，它们投资的时间和精力不会有任何的结果。现在再次构成了一个循环：它们在鳉鱼身上的付出所得到的回报是雌性鳉鱼对它们源源不断的崇拜之情！它们没有被公然吓退，反而敞开胸怀。也许它们只是把这当作是邻居的帮助或者对外的获胜。但是事实是：你一定是个很棒的男人，如果连别的种族的女人都围着你转的话。

这让人想起上文提到过的派对上的审查。我们表达欲望的方式和鱼类是相同的，这不丢脸吗？不！情况更糟糕。果蝇也是这么做的！如果有一只一直以来很无趣的果蝇在一只聪明的果蝇面前展示自己，别的雌性果蝇也会向它飞来。这种把戏被称为"择偶效仿"。人们可以自由理解："在配偶选择上，没有什么比成功更成功的事了。"为什么这种追逐的方式如此普遍？以至于不管用于钓鱼还是钓男人都合适。

人们在进化史上不能跳过的生理事实是：在繁衍后代上，女人承担更大的风险。男人牺牲的可能是9分钟，而女人承担的是9个月的孕期和18年的责任。对两人来说，当他们通过基因完成繁殖任务时，策略是完全不一样的。女人一个月产生一个卵子，男人每天产生大约上亿的精子。现在可以毫无偏见地说："凭什么你更大方呢？原因在这！"

女人想要最好的，男人想要第二好的。女人常常说："你不是！"男人说："谁想要不是呢？"她没有兴致"选错人"。他有兴致，但不总是马上"认真的"。这就是生物学。它虽然不能解释所有的东西，但能解释一些。当一个性成熟的女人把她大多数的时间花在拒绝男人的追求时，这个男人的大部分时间在做什么也就很明显了。因为女人适合生育的年龄是有限的，生物钟在她们身体里运转，对她们来说，一双提供帮助的手比手腕上的劳力士更加重要，因为她们必须利用好她们的时间。所以，得到一个已经被别的女人证明过的可靠男人更加有效。

女人通过"择偶效仿"降低风险，避免在苦心经营几年关系后发现自己找到的是个傻子，白费力气了！那还不如找一个插足成功的男人，他们不会太差，否则一个曾经的好女人是不会跟他在一起的。这就是所谓的女人之间的团结。

男人也按照这个原则行事，不过是在别的领域，比如买车的时

候，所以开过多年的二手车才这么受欢迎。他们证明了他们是合适的，而不像周一生产的车。轻微使用过的痕迹是可以忍受的，相对于新车，二手车所损失的东西可以通过驾驶过程中的安全稳定以及长久耐用作为弥补。

看看星光大道，无论是好莱坞还是其他地方，在名人圈里也盛行这个古老的模式。正因为它出现得如此频繁，夺人所爱的行为才被视为伤风败俗。人们看似是这样做的，但实际上又不是这样做的。典型的例子就是，中世纪时人们认为女人是巫婆，男人是祭品，这是多么的愚蠢。鱼和果蝇不知道这种道德上的过度，它们才是真正的动物本性。

那这些昂贵的暗示和追逐游戏对一个普通人的价值在哪儿？情况在婚姻市场和职业市场是一样的，比起失业的人，主动辞职的人更容易得到新的岗位，这是对单身族的讽刺。只要一直是单身，就会被视为潜在的关系无能，但是当人们定下来时，却突然出现了难以置信的追求！如果一个人在舞厅时，没有人对他感兴趣。只要发现有一个女人在他旁边，甚至是租来的，其他的女人也会靠过来。

心理学家曾多次尝试研究，对男人来说，名花有主的女人更具魅力，这早已不是什么稀奇事了。米兰·昆德拉在《生命无法承受之轻》里写道："生命的最大秘密之一就是，女人不再关注好看的男人，而是关注身边有漂亮女人的男人。"

昆德拉不知道，2011 年，柏林的学者对这个现象的另外一个影

响进行了研究。研究表明，这种吸引力是可以传播的，甚至可以洲际传播。美国的女大学生们观看了一段录像，录像中柏林男人跟不同的女人调情，完全符合我们的猜想，女大学生们对身边有漂亮女人的男人更加感兴趣，甚至穿衣和发型类似这些男人的其他男人也受到更高的评价，而长相完全不起作用！显然我们自动把我们的偏好概括化了，而这也是有意义的。因为如果大家都喜欢同一个，选择范围就窄了，但是至少得非常相似。也许男人在无意识中已经在利用这种作用了，所以他们才穿得像摇滚明星那样，或者模仿那些身边美女如云的足球明星的发型。有人也会有不好的经历，因为他们选择得太盲目了。正如那句话所说：以一知百。

我们和果蝇的区别就是寿命的长短和对生命的期待。在果蝇短暂的生命里，对它们有意义的事对上了一定年纪的追求者来说却毫无意义。丢失了宝藏的追求者和被追求者，在两人关系上，我们变得越来越不安定。今天30岁的人可能比他的父母多两倍的夫妻生活，但是他们会更幸福两倍吗？

21世纪，在这个由电脑优化配偶选择，流行快速约会、摔跤俱乐部的世界里，这种几百万年以来追逐与被追逐的游戏模式还留下些什么呢？它会继续存在。而我已经在期待男人的联系名片里写着"已有主"，然后下面没有放上他自己的照片，而是他妻子的照片，还有一串他的电话号码。

你太不浪漫了！

根据一项调查显示，93%的德国男人很难开口对妻子说"我爱你"。他们认为这个词是很有效的。他们想：我已经说过一次了，这会一直生效，直到取消。女人一般情况下也会记得男人说过一次的话。但事实证明，在爱的过程中，愚蠢的是当人们想要说出爱时，爱的效力已经消失了。"我爱你，你爱我吗？""是，我也爱你。"就是这么短的几句话毁了浪漫。"你会陪我到世界尽头吗？""会。""你会为了我一直留在那儿吗？"

浪漫是不言而喻、理所当然的，每个人对此都有不同的理解。它们是如此相似，以致无法用科学去研究。理查德·威丝曼，一个英国的创意心理学家，想要知道，一方总是指责另一方"你太不浪漫了！"这种永恒的争吵是哪里来的？为此他问了许多夫妻，男方和女方分开来问："您的伴侣曾经说过哪些爱的誓言？您是如何看待的？"

○ 爱情穿肠而过

一眼就能看出，男人的表现是糟糕的。因为53%的女人表示，她们的丈夫从未邀请她们度过一个令人兴奋的、充满惊喜的周末，而这些惊喜的周末对女人来说是非常珍贵的。另外45%的男人表示，当他们心爱的女人受冻时，他们从未将身上的夹克脱下，给她们披上。那些绅士和骑士都在哪里？

男人在理解那些对女人有暗示意义的表示时，出现了很多分歧。只有11%的男人认为，女人一定喜欢听"你是世界上最漂亮的女人"，这种话在奉承女人的榜单上名列前茅。

相反，女人则表示，自己对一些物质上的东西，比如名贵的内衣，不如对一些生活中的小事更加青睐。威丝曼尝试通过两性斗争进行调查研究，得出结论：男人缺少浪漫不是因为懒惰或者不喜欢，而是他们错误地理解了女人需要的东西。认为女人在圣诞节时和在夏天时对皮毛大衣的喜爱是一样的人，肯定让人生气。更糟糕的是，男人很难想到，在错误的时间送100朵玫瑰不如在正确的时间送1朵玫瑰。

男人在少年时期就被教育，要一直给女士开门，但也有例外。在餐厅里，男人习惯先进门，为了看看环境是否适合女人。但在今天，女人也可以邀请男人，如果她们愿意慷慨解囊的话，她们也可以走在前面。女人觉得哪些行为是献殷勤或者沙文主义的？问题的答案和年龄有关。30岁以下的女人中只有40%觉得和男人一起吃饭时男人应当付钱；但在60岁以上的女人中，超过70%

第一章 爱不单行

都这样认为；100 岁以上的人是不是 100% 持有这种看法，调查里没有说明。

了解一个人喜欢什么，不喜欢什么，需要用一辈子来学习。在一项题为"年纪见长，智慧不长"的调查中，心理学家研究了是否两人在一起越久对彼此的了解越多。他们发现，想要了解对方的欲望在刚开始建立关系时最高。那"学习曲线"有什么用呢？作家十分圆滑地写道："在长期关系里，一直踊跃着一个动机，希望对对方有一个客观的了解，同时希望能维持一段积极的关系。"更清楚地说："应该在更好的光线下观察对方，而不是在放大镜下。"另外一个小窍门是，为了有更多的共同感，可以假设别人基本上和自己是一样的。但这很快会引起误会，就像故事里说的，一对夫妻 20 年后在餐桌上大声斥责对方："你总给我栗子面包上面的部分！""但是我以为你更喜欢上面的部分。为了你，我放弃了那么多年！"

认为了解对方就像了解自己马甲上的小口袋一样的人，肯定好久没穿过马甲了。对对方了如指掌的看法会导致两个长时间在一起的人对彼此的了解越来越少。在吃饭的口味上，年轻夫妻一般有 50% 像对方，而认识超过 40 年的老夫老妻只有 40% 口味相似。如果问到对方最喜欢什么样的家具，即使最了解对方的人，能说出答案的比例也只有 30%，这也只是年轻夫妻的比例较高——夫妻一起逛宜家也才兴起没几年。

在好的酒店，服务员有个清单，上面有客人所有喜欢和不喜欢

○ 爱情穿肠而过

的东西。人们更喜欢那些不经意的小事，比如早餐时送来了自己最喜欢的饮料，或者在北德地区的酒店房间里放上一份《南德意志报》。如果我们的大脑不适应去记我们最重要的人喜欢的东西，那为什么不也像这样做一个清单？如果这能用来留住客户，为什么不能用来防止关系疏离？"最爱的冰淇淋口味是草莓和奶油巧克力，不喜欢加冰块。"类似这种形式，听起来简单，做起来难。男人什么时候给女人开车门？车新的时候还是女人新的时候？技巧在于，把这种小事上的殷勤放到日常生活中，才能让两人关系保持新鲜。在热恋时期，男人几乎每天都把拿铁送到女朋友床边，但时间久了大多数男人慢慢就不会通过女朋友的嘴唇观察到她们喝咖啡的欲望。她说："我想要在床上吃早饭！"他咕哝道："那就睡在厨房里。"

亲爱的男人，像这样的话是没法补救的。我知道，你们想表现幽默，但是我的悲惨经历表明，当她们认为表达情感的场景及条件不合适的话，即使是最好的事，女人也不喜欢。然后你就可以长时间地给女人开门了，甚至是旋转门，什么都没用了。

能有所帮助的是对女朋友进行聪明的投资，在平时表现出关心：提问，仔细倾听。在吃早饭时自然而充满兴趣地问："我们是在哪儿认识的呢？"答案让你两个都感到惊讶。嘿，男人，你今晚这样做可以锦上添花：准时回家，放好浴缸里的水，委婉地奉承她。写一张问候的小卡片或者一首小诗，以后她会找到。这些事女人都很喜欢，不一定非得是首民谣，两行字就够了。我最喜欢的爱

情小诗是英国喜剧家约翰·海尔格力的:"我最爱的,我想对你说的最浪漫的话是,你是我唯一一个想与你产生问题的人。"

用英语说更诗意些:

"Darling, the most romantic thing I can say about you is: You are the one I want to have problems with."

男女思维差异的科学解释

只有很少的人能根据他们的经历说出男性和女性思维的不同。我曾经采访过巴里安·布什堡，她身为女性，是一名杰出的撑竿跳运动员，却感到不幸福。最终她还是随自己的心意，选择了做变性手术，成了一个男人。他曾形容他的思维习惯是如何通过额外注射男性激素得到改变的。"有段时间我可以完全理解女人，但是随后我又觉得太过复杂，我现在很少想太多。我曾经给两位记者写过同样的回复，那是关于向我征求是否能出版一篇采访稿，我回复：'这就是明天要出版的文章吗？'女记者立即回复我，询问发生了什么，是不是她理解错了什么，当然这是可以解释的。男记者直接回复：'是！'"

现在来看看数据：男人的脑袋平均比女人的重300克。因为男人平均就比女人重一些，他们的脑袋相对重一些也没什么奇怪的。但是女人的神经细胞和男人是一样多的，只是分布得更加密集。我觉得有启发性的是，某些心理障碍在男人和女人身上出现的频率是不一样的，至少被诊断的次数是不一样的。女人容易抑郁，男人容易疯癫。

真正区分男人和女人的是染色体，XX 染色体就是女人，XY 染色体是男人。Y 染色体（右边）是 X 染色体的一部分。男人通过缺失信息而成为男人，我希望这只是一个笑话。

女人在进化过程中形成了稳定的控制系统，她们拥有两条 X 染色体，男人只有一条。因为男人的 X 染色体有些古怪扭曲，事实上确实是，所以红绿色盲患者以男人偏多。更严重的是，男人容易患交流障碍，比如患自闭症的男孩比女孩多 10 倍。但是反过来也不意味着女人在交流上完全没有问题。根据我的观察，在舞厅里有这样一条规律：段落越长，主题越短。

难道只是偏见吗？澳大利亚的女科学作家以及心理学家科迪莉亚·芬在她的《性别谎言》一书中义正词严地表达她对"神经系统性别歧视"的解释：停车这件事和染色体无关，更多的是和练习与期望压力有关。现在我老实讲，当有女人坐在旁边时，我停车停得特别差。现在我更老实地说，即使没人坐我旁边也是这样。因此我火车开得不错。

长久以来人们认为，女人的两半球经胼胝体，即连接左右大脑半球的横向神经纤维相连，比男人更明显，但这其实也是可以训练的。比如音乐家或者那些身体各部位协调练习很多的人，他们的经胼胝体会宽很多。简单来说，经胼胝体越厚，人就会越聪明。

○ 爱情穿肠而过

人们经常说男人的空间感很好，但这只是指大脑对空间中某物旋转的感知。有道经典的智力测试题是：当人们把一个缩小了的物体先往左转，再从后方观察，它的顶端朝哪个方向？在这种练习里，男人的反应速度更快。原因在哪儿？正如 MRT 研究表明，女人花的时间更多，因为除旋转本身外，她们还会问自己，整体应该是怎样的？这当然耽误时间了。

女人思考得不是更慢，而是更多！有的时候也许太多了。因为物体的旋转也没有什么太大的意义，这道题只是证明了男人能很好地想象某个物体的方位，而女人能更好地看到正面。而这和男女有别的空间感，和所谓的"不会问路"又有什么关系呢？男人总喜欢用方向和距离来描述，当然这对于远距离来说有好处。女人则相反，倾向于用在视线范围内的容易辨别的点来描述。这很容易感觉出来，只要在路上问路试一试就知道了。

男人说："你必须在 800 米后朝东北转弯。"女人说："一直走，直到你看到一家花店，然后拐弯，也就是左转或者右转。"她能形象地做一些手势，这样比起数 800 米的距离更不容易走丢——就好像真的有人知道 800 米有多远一样。通过距离来预估地理位置已经不准确了，但是女人能准确地知道花店在哪里。

一项调查显示，女人的方向感是随着激素水平上下波动的。但是我现在已经不知道是怎么波动的了，是排卵时方向感增强还是相反？我有过很多不好的经历，在矛盾的情况下不适合提激素水平这

个话题。我以前真的试过，正好给我一个左右不分的朋友提供了一个好的方法。我还清晰地记得，在学前班的时候有人第一次跟我说："右边就是左边大拇指的地方。"这让我特别生气，恨不得把他左右打几拳，但是我不知道，从什么时候开始，这句话让我特别迷茫。为了避免这事发生在我那位女性朋友身上，我问她知不知道心脏在哪里。如果女人有方向感的话，应该知道身体各部位在哪边。她自动把右手放到了心脏位置，我告诉她，一定要记住，心脏是在左边的。当我几周后再次遇见她，想庆祝一下我的成功，我笑嘻嘻地问："心脏在哪里？"她看着我，短暂地想了下，然后说："在右边！"

关于这个话题，谈过就好。顺便提一下，女人比男人更爱说话，说到点子上了。只在这点上我不是站在科学的角度来说的。在《科学》这本在世界上享有盛誉的专业杂志上，我曾看到过一篇奇怪的研究。这项研究尝试把男人和女人一天所说的话记录下来。受试者把一个电子记录仪戴在脖子上。结果让人惊讶，男人和女人一天中所说的话几乎一样多——平均而言。

当然也有极端的例子，沉默寡言的女人和絮絮叨叨的男人，或者沉默寡言的男人和絮絮叨叨的女人。但是这个统计的方法没有从根本上做区分。奇怪！心理实验研究往往是证明人们已经了解或知晓的行为。如果结果不符合，就要仔细看看，结论是在什么情况下得出的。比如谁是受试者？很明显，从美国一年级的大学生身上得出的结论不能应用到德国家庭主妇身上，那就好像从老鼠转移到人，

○ 爱情穿肠而过

从苹果到梨子。所以我很怀疑，研究实验里的男人和正常情况下的男人是不是一样。当他们在脖子上戴上记录仪的时候，突然找到了话题。在那种情况下，就算是寡言少语的男人也变成了话匣子：

"哎，这到底是什么啊？"

"这是科学研究的一部分，这个话题我不敢聊。"

"但这是一个记录仪，现在它会把我们的谈话记下来？"

"不，只有我的话。"

"怎么？这个东西还有识别声音的功能？它是在 PC 上还是 Mac 上运行？"

"应该不是，据我所知，这个东西记录下的是 MP5 格式的音频，我敢打赌，你的电脑最多只能识别 MP4。"

"太酷了，但是我可以在我的云端服务器上进行转换。当然，这个东西我也要带走，哪里有这个东西？"

"这个我不能说。"

典型的男人之间的谈话。这些话当然没人想听了，但是男人喜欢这类话题，这些话他们在正常情况下是从来不会说的！

所以这个东西又叫作"娱乐用电器"，因为它是唯一一个能让人和世界上每个男人聊天的东西。有的时候甚至没有语言，只有一些带着崇拜之情的声音，这些声音在从尼安德特人的洞穴①一直到

---

① 人类进化史中间阶段的代表性居群的通称，因其化石发现于德国尼安德特山洞而得名。

电子市场的路上从未变过："BOH-EY!"它是国际通用的。我坚持认为，女人说的比男人多。我曾经从事儿童神经病学研究，曾对女孩和男孩的成长轨迹进行过研究：女孩比男孩更早说话，而且更晚失聪。这在以后的人生里也没有什么太大的变化。谁觉得这是偏见，那就指给我看，世界上哪里有两个女人一起钓鱼的?

最后一个证据：在核旋体上可以看到大脑的哪一部分在思考。在睡眠状态下没有太大的区别，在女人的大脑皮层上可以看到大脑活动，活动的区域是语言中枢。男人是在更基础的区域，类似于待命功能。理论是为了实践。我呼吁所有的女人，如果您的爱人事先没有察觉地坐在沙发上，当你突然问他："你刚才到底在想什么?"他真的很努力回想，仔细感受，深信不疑地说出了一句话："没什么!"

请相信他!

男人和女人的钟形曲线

关于男人和女人有很多言论。但哪些是陈词滥调？哪些是可测量的平均差呢？分布曲线是怎样的？为了给你们一个更直观的感觉，受沃尔多夫教育学的启发，我想出了一个自己的艺术形式：跳舞的数据，有节奏的概率。

基础：正常分配。这是个实际的例子。测量房间里上千个观众，然后按体重测量值从左向右在舞台上依次进行排列。这就形成了一个典型的钟形曲线[①]，因为中间的值比两边的值多很多，最多的就是最多的。或者换句话说，频率高的比频率低的出现得更频繁。

高斯曲线：当最多的就是最多的，或者换句话说，频率高的比频率低的出现得更频繁，就形成了钟形曲线。

如果把测量值按男人、女人划分的话，就会产生两条曲线。简单来说，男人和女人有不同的钟形曲线。男人的平均体重比女人重，但

---

① 钟形曲线，又称拉普拉斯—高斯曲线，又称正态曲线，它是一根两端低中间高的曲线。

是这并不意味着每个男人都比每个女人重!世界上不仅有凯特·摩斯(联合王国模特)和莱纳·卡尔蒙德(德国勒沃库森球队总经理),当然也有拉尔夫·施密茨(德国喜剧演员)和缇娜·维特勒(德国作家和演员)!人们不能从体重来判断性别,也不能从性别判断体重。

区分男人和男人比区分男人和女人容易得多,反之亦然。如果像体重这样简单的事都要区分对待,当涉及性格这么难测量的问题时,要如何仔细地去看!所以接下来统计的事实将告诉你:男人和女人有很多共同之处!但是这些没有人要听,没人会笑。没有人想买一本书,标题是:不能区分男人和女人的那些事。所以人们才会到处一直强调男人和女人的不同,而那些不同都不符合你的实际情况,却符合你邻居的情况,因为他们比你更典型。一个男人将自己和另外一个男人区分出来,比将自己和自己的妻子区分出来容易得多。反之亦然。

如果你再听到有人对你说男女之间有哪些不同的话,你就反问他:抽样的数量是多少?这些人是如何被抽样的?由谁资助?在哪儿公布?由谁鉴定?研究成果被另一个研究团队证实过吗?然后你就知道,所谓的"知识"还剩下什么。

因为你也许属于交集的部分,比如会倾听的男人和能停车而不总惦记着鞋的女人。欢迎你!

事实是:你确实属于交集的一部分,会倾听的男人和会停车并且不总惦记着鞋的女人。欢迎你!

幸福的结局!

毛毯小贩、旅行手册、金黄色葡萄球菌、收集篮球筐、牙牙学语、乌鸦、心脏疼痛、道歉、单身婚礼、歌曲

第二章

爱情本身和为了自己的爱

马拉喀什的毛毯小贩

说钱不能使人幸福的人一定不知道哪些地方适合购物,这当然是瞎扯。但事实是,在世界上任何一个国家花钱都比在德国花钱更让人开心。在度假的时候,人们不会把每芬尼都转两次,一方面因为早就没有芬尼这个货币单位了,另一方面也是因为信用卡要在假期过后的几个礼拜才出账单,从而把人再带回到现实生活中。

我在马拉喀什体会到了交易可以做得多么感性。一位当地居民带我穿过了一个个古老市场——染坊、铁匠铺、理发店,21世纪和一千零一夜交织在了一起。在这里,剃胡子虽然还是一项服务,但是理发师已经不再用刀和肥皂,而是用电动剃须刀了。原本精通金属绘画加工的年轻人,通过给别人拍照赚的钱也比原来做手工活赚的钱多。在我的向导把我带到他的门口并且把我一个人留在那儿时,我已经隐约感觉到,毛毯小贩是如何精通与顾客打交道这件事的。他知道,我就跟好久没剪过羊毛的羊一样,在这儿能经过精加

工后高价售卖。

这个纺织品宫殿的主人一直不停地问我到底需不需要他的毛毯。他的德语也"好"到让人几乎听不出所有恭维的话。他的杂工也在旁边忙不停歇地把一张张毛毯以极快的速度在我眼前摊开,好像一幅动态的画面,是因为他的手法娴熟,还是因为喝了他们盛情送我的茶,产生了幻觉?他把他的毛毯叫作"有生命的羊毛"。因为像羊毛一样,毛毯在下过雨之后能自动清洁,所以他的毛毯从来不会变脏。最不济还可以把它铺到雪上去。但我没有这个需求。

在反复 30 次拉毛毯、展开、卷起之后,我终于迟疑地问他,这样一个有生命的奇迹要花多少钱。我本不应该这样问的。显然在这场跨越千年的古老仪式中我逾距了。他看了我一眼,在他的眼中我下沉得有多深,他就有多失望。无止境的沉默后,他说了一句能决定一切的话:"你有你的钱,我有我的毛毯。重要的是,我们能做成朋友!"我什么时候从一个德国的小贩那儿听到过这样的话?

在德国,服务员友好意味着作为顾客必须表现友好,否则就没人为你服务。但是毛毯小贩就把自己当作服务员,当作娱乐者。东西是附带的,顾客主要是掏钱买了这场秀。我曾经希望德国火车乘务员能有这样的想法,或者据称是朋友和援助者的警察能有这样的想法。在马拉喀什,就算以前不是朋友,现在也可以变成朋友。这让我很感动。

我们的谈话内容只围绕着学习两个阿拉伯词"拿走"和"也

○ 爱情穿肠而过

许"。这样慢慢地缩小选择范围，直到只剩一块毛毯和沙发布。然后交易的第三阶段开始了：在便条上写很多数字。这里充斥着卡巴拉主义[①]和数字魔法。加减乘除已经不能形容这里的场面了。毛毯小贩反复计算、划掉、抄总额、重新计算。如果他把计算的过程运用到 windows 系统的计算器上，可能时不时地就会出现沙漏的标志。但他自己既是计算者也是计算器，他不厌其烦地告诉我他的毛毯如果放在德国卖，价钱要贵上百倍。前提是，如果我没在那儿买过的话。当然我闭上了嘴，因为他能随时蹦出一句让我难以反驳的话。

当我说这个价格有点偏高的时候，他立即反驳说："这个毛毯不贵，您的品位才贵！"我怎么能承认，我的品位低呢？不，我不能说别的。基于我独特的品位，我不得不点头，买下了这张毛毯，用友情价买的，还包邮。我感觉很好，突然我想了下，我是不是该希望这个东西在运回欧洲的路上丢失。因为我真的不需要毛毯，更不需要两条。对我来说更重要的是，我一直知道，在马尔喀什我有一个真正的朋友。

---

① 犹太教的神秘教义。

最美的时光？

真正的结束不只对核电站的工作人员来说很难。假期意味着本来每天至少 8 小时能看见的人，突然一整个星期都看不见了，而以前只能在晚上或者周末见到的人，现在 24 小时都可以见到了。人们开车去远方，为了再次更接近彼此。当这真正发生时，又会感到吃惊。夫妻两人在旅馆的房间里度过两个下雨天后，唯一希望的就是，重新上班，回到工作场所，而不是一直谈论两人关系或者是孩子的教育问题。

我注意到，旅行小册子和个人简介或者约会邀请的用语有多么相似。它们都强调积极的方面，从而让人产生很高的期待。然而事实总像旅馆窗户前面的水泥一样坚硬，或者像光滑沉默的啤酒肚那样柔软。"爱运动"的意思就是：每天都穿训练服。就像"海景房"意味着：理论上人们可以穿过旅馆前的房子看到大海，如果前面的房子没有比旅馆还高三层的话，其实它应该叫"X 射线海景房"。

○ 爱情穿肠而过

"与本地人接触"具体来说就是：旅馆的服务员不懂德语。"有过婚姻经历"总比"离婚"好听！

如果梦想的旅行证明是和梦想的伴侣一样靠不住的话，人们就会乐意用旅行取消保险了。不幸的是，另一半的怪癖也不会有更高的威力。虽然看似是这样。

现代人比4万年前的人有太多的时间和假期，但是他们的压力也没有减少，只有没有什么坏事发生的旅行才能让人放松。但是这样的旅行太少了！边境体验的反义词是什么？留在国内。但是在饿着肚子拉箱子的情况下，谁又听得进去话呢？旅行期间不能生病，不能太累，不能增加体重，这些目标听起来有点像佛教教义。负面情绪的消失有时比正面情绪的产生更加重要。最重要的感觉是什么？夫妻俩第一次一起出去旅行的时候。

有些夫妻在旅行前已经很有压力了，比如选择哪个地方。咔嚓，已经是第一道危机。"这么短的时间内走这么远？""我不想去你以前和别人去过的地方！""为什么不和朋友们一起去？""呵呵，难道我一个人对你来说还不够吗？"

造成身心紧张的因素还有很多，他想要看风景，她想要看人。她想在黄昏时分看日落，而他从下午起就开始到处游荡。他想要坐在租来的敞篷轿车里观赏风景，而她想坐在马上。他想做爱，她也想做爱，但是他们不想和彼此做爱。把孩子放到旁边的小床已不再那么容易。哪里还有浪漫？在路上，前两天人们还能克制住自己，

然而在离开的时候，当有一方在帮忙打包行李时，另一方则开始被责骂。

三分之一的离婚都是在度假结束后发生的。在假期里，五分之一的夫妻吵得十分厉害，以至于两人的关系都受到了挑战。仔细观察沙滩、自助餐厅、酒吧的话会发现，在假期里两人间更多的反而是疏离。有人问过夫妻双方，他们愿不愿意再去当时度蜜月的地方旅行。一致的回答是："绝对不会。"没有问他们还愿意结婚吗，当然也没有问会不会还和同一个人。

据说杀人犯总是会回到犯罪现场，但是夫妻不愿意再去他们调过情的地方。为什么？这背后隐藏的可能是想要保护那些珍贵的回忆。故地重游会破坏这种唯一的价值。记忆中的图片永远比实际看到的美，当然在今天看会更美。就算在最好的情况下，人们那时除了旅馆房间，也没有看到多少外面的风景。然而这些仍然没有被时光抹去，反而会在我们的脑海中保留得更加深刻。

但是这已经过去很久了。那个时候觉得对方身上所有不同的地方都是那么令人激动。今天这些事也能让人激动起来，聊天有时能有所帮助。你知道经停飞和直飞有什么区别吗？经停飞机中途会降落休息，而直飞的飞机会一直飞行，直到到达目的地。为了让假期里的沟通更加顺利，人们要直截了当地说话，而不是"一直不停"地说话！

这样的效果真的更好吗？我有一次在网上找关于旅行心理学的

文章。提出"社会科学对话心理疗法"的莱茵侯德·施密茨·施莱茨梅尔认为:"有些夫妻在沙滩上注视着自己完美无缺的身体,慢慢就会勾起对往事的回忆。"比如想到还没有这个愚蠢的复姓的时候。

为什么人在沙滩上要四处张望呢?人们也可以看看自己的内心。德国夫妻平均每天只说8分钟的话。把这8分钟抹去,在寂静的寺院里一起体验,岂不是更好?但是除了利用假期来净化心灵,人们也可以在露台上懒洋洋地坐着,晃动一下杯子。每小时一杯卡布奇诺,嘴唇上沾着一些泡沫,沉默不语。

改善这种情况的建议有:一起观察一对吵架的夫妻。突然间两人就开始互看、谈论,并且最终达成一致:我们没有发生过这么糟糕的事,多幸运啊。

荷兰心理学家杰西卡·德·布鲁姆仔细研究过度假的艺术。令人惊讶的是,度假使人放松的功效很短暂,几天后就消失了。通常在回去后不久,工作的压力就会扑面而来,并且比以前更严重。没什么好惊讶的,因为当人们在泳池里躺着的时候,工作也在办公室躺着。这位女专家建议,不要在周一回去上班,在周三回去,这样很快就又要到周末了。多次短期旅行比一次长期假期更让人放松。至少平时计划去某个小岛放松与计划去马尔代夫一样重要。

企业文化这时也发挥着重要的作用,5点下班的话,会不会被人以异样的眼光看待?或者上司知不知道,休息充分的员工比每天加班的员工工作更有效率?休闲研究这一门新的学科建议,制定

"神圣时间",在这段时间内,人们在家不能被工作打扰,也不能检查邮件。为了与工作保持距离,人们做耐力运动,学习新的东西,从萨尔萨舞蹈到酱料烹制。

在假期里也可以用新的洗发水。因为我们的大脑对香味的反应很敏感,新的味道可以让人焕然一新。在以后的生活里,当你想要再重温一下当时的情景时,你可以在家再拿起这瓶洗发水。科学知识就到此为止。但是网上最好的建议总是:在度假前就请放松。

A 类型是冒险家。他旅行是为了体验生活。他基本上只带一条泳裤和一张信用卡就直接去机场了。一个地方他从来不会去两次,因为世界上有那么多新奇的事物等着被发现。

B 类型是文化人。他带着他的旅游指南周游世界,看看和现实的世界有哪些地方不同。在去机场前,他会做好充分的准备。他会测量严格意义上路程有多远。如果距离刚好,那么全部的液体都会被打包在透明的袋子里。B 类型的人偶尔会换旅行地点。和 A 类型相反,B 类型会在一个地方待两次。

C 类型是沙发土豆[①]。这类人从来不旅行,走到冰箱那儿就已经够远了。

D 类型是"视家如命的人"。任何形式的个人主义都会受到鄙视,至少会受到远房亲戚的鄙视。度假的首要目标就是能在白天照

---

① 指那些一有时间就坐在沙发上看电视的人。

○ 爱情穿肠而过

顾孩子，也有可能度假就是过渡阶段。B/D 虽然和孩子一起度假，但是孩子已经超过 30 岁了。因为他们总是和父母一起出去度假，所以也失去了让自己成为父母的重要机会。

我是什么样的旅伴？

请在一起旅行前填写：

目标：

我更喜欢去哪些地方？

A. 有年轻人的地方。

B. 有古老建筑的地方。

C. 没人的地方。

D. 需要时有薯条的地方。

看到"夏威夷"我会想到什么？

A. 冲浪。

B. 吐司。

C. 这难道不是施瓦本方言中"Hanoi"的反义词？

D. 等到孩子不在家，狗也死了的时候我才会去。

看到旅行纪念册上的照片——

A. 跟我一点不像。

B. 眼镜不一样。

C. 在哪儿?

D. 那时我还有头发。

冒险精神:

假期里喝的特别的饮料是什么?

A. 是我亲自从戈壁石上接的一滴水。

B. 坎帕里橙汁——我一整晚都在分的饮料。

C. 邻居家的啤酒。

D. 没被稀释的奶粉。

疱疹……

A. 属于冒险。

B. 简单词还是缩写词?

C. 所以我没出门。

D. 他跟我说过有小水泡。

我的舞蹈①

A. 萨尔萨舞。

---

① 德语跳舞是 Tanz。

○ 爱情穿肠而过

B. 探戈。

C. Dis –Tanz①

D. 群魔乱舞。

哪种音乐会让你起鸡皮疙瘩?

A. 乌兹……乌兹……乌兹……乌兹。

B. 嗒……嗒……嗒……嗒。

C. 室外乐。

D. 拓……拓……拓……拓。

在度假时你最想念的是哪个德国电视节目?(你没有选择)

A. 重播。

B. 重播。

C. 重播。

D. 重播。

哪首歌适合你度假时的心情?

A. 我在航行。

B. 漫步是穆勒的乐趣。

---

① 德语中距离是 Distanz。

C. 没人给我打电话。

D. 地狱,地狱,地狱。

放松:

在假期如何联系您?

A. 通过 skype 和推特。

B. 通过发送申请。

C. 跟平时一样。

D. 用喇叭喊!

你会去一个没有无线网的国家旅游吗?

A. 为什么?

B. 再说一遍?

C. 不。

D. 我问下孩子。

你在假期怎么显示你的地位?

A. 带一套有93种功能的莱泽曼(Leatherman)品牌户外万用刀具。

B. 带一本有93家博物馆推荐的旅游指南。

C. 随心所欲,任性而为。

D. 穿一条93厘米的泳裤。

假期经常开什么车?

A. 保时捷卡宴。

B. 大众帕萨特。

C. 如果我知道我的驾照在哪儿的话,也许在家里的某个地方。

D. 大众客车。

请您数一下,最多的是哪个字母,然后对比一下是哪种类型。最好是有很多相同的地方,但是这也没用。你不会相信,人们已经习惯了某件事或者根本没有继续向前发展,人不会变得那么快。如果谁发现有很多不一样的地方,那是因为他之前不了解自己。

有心脏的细菌

在医院里有三种形式的生命在为活下来而斗争：病人、职工和细菌。最成功的就是细菌了。尝试彻底消灭细菌的结局往往就像故事中兔子和刺猬的结局。它们总是速度很快，这些小坏蛋总是能聪明地躲过抗生素，即使是最新、最好的抗生素。

说到青霉素的发明，我总是有些嫉妒。据说亚历山大·弗雷明先生不爱打扫实验室，几天后回来发现东西长霉了。在霉的附近，细菌生长得很慢。Ewreka[①]！肯定有某种物质抑制了细菌的生长。当我还在学生宿舍住的时候，我和同学也经常在厨房做这些实验，当然没有拿到诺贝尔奖。好吧，弗雷明实验的成功也是暂时的，就算是他自己也不得不承认，在长期对抗细菌的战争里我们人类没有胜算。

---

① 据传系阿基米德在沐浴时发现浮力定律，发出兴奋的呼喊。

它们没有肺，却能长时间呼吸。是什么让这些名为金黄色葡萄球菌的小坏蛋如此猖獗？最近发表了一篇轰动世界的研究：细菌之所以很难消灭，是因为它们内部协调合作。这篇研究的标题叫作"细菌的慈善行为所引出的抗性"，细菌中的慈善机构给予它们普遍的抵抗力。人们怎样才能准确想象出这样的盛况？细菌的成功不是基于魅力和红地毯，而是基于背景后的网络。研究者曾不断用抗生素折磨大肠杆菌。在预料之中，它们开始慢慢产生越来越多的抵抗力。但是研究者也同时捕捉到了细菌一开始是如何互相交流的。它们的成功秘诀到底是什么呢？

正是那些最强壮的细菌承担起了产生警告物质的重任，这些物质虽然削弱了它们的生命力，却有利于它的同伴们。它们能产生一种物质，这种物质能告诉所有的细菌：注意！现在来了有毒物质，打开水泵，激活保护装置！强壮的细菌不会盲目地为了自我而躲避，它们反而选择了全心全意地保护弱者。这让人们至今不敢相信，这些没有大脑的球体居然能如此团结一致。

这些发现有利于重新研发新的抗生素，同时也让我们反思，在对抗细菌的过程中我们之间应该如何更好地交流。因为故事的讽刺性在于，正是那些应该帮助病人的人身上带着可恶的细菌，每一次握手时都会传递给对方。正是投保于私人医疗保险公司的病人，他们的主治医师总喜欢用强有力的握手来强调他们医术的高超。对大家来说更健康、更展示能力的方式是友好地招手。医生可能是唯一

通过洗手来挽救生命的职业群体。提醒您的医生，即使洗手这一行为没有那么英雄主义。

20世纪，医生花了极大的心血与细菌做斗争。这也许是错误的开始，因为我们早就清楚，在这场战争中我们没有胜算。在决定使用抗生素对抗那些合作有序的细菌之前，医生和病人都要足够聪明，认真权衡利弊。实际上两人都是一半真心一半假意，咳嗽不止的病人心想：如果医生什么都不给我开的话，我还来看医生干什么？医生心想：如果我什么都不给他开的话，下次他就会去别的医生那儿了。其实不用抗生素对病人更好，除非他患的是肺炎。如果荷兰人只有在真得了炎症的时候才会用抗生素，那么他们只会消耗现在三分之一的药量，也不会有那么多的细菌问题了。

您什么时候感谢过您身上的细菌呢？它们不是敌人，它们是工人。研究者把这些几千年来就和我们一起进化的细菌家族叫作"老朋友"。新一代微生物学家不再投入如此多的人力财力去抵抗细菌，而开始研究如何与这些共生者和平共赢。我们从来不是一个人，十几亿的细菌和我们，可以说为了我们而生活在一起！我们是大老板，同时也是打工仔。

如果我们比较美国大都市人和非洲农村人的肠菌丛，那么有一点很明确："文明"之间的战争导致肚子不舒服。虽然没有直接感染，但美国人血液中总能发现炎症的迹象，因为大肠没有和平地和它的"老朋友"在一起。有证据表明，有些疾病如哮喘、肥胖，甚至沮丧的心情都会受到大肠中细菌的影响。

人们怎样才能取悦我们的"老朋友"呢？试验里有鸡尾酒里的、姜汁里的，还有某些益生菌营养物质里的细菌，还有，站稳了，粪便里的细菌。慢性肠炎不是靠割掉肠子从而永久隔离细菌治好的，而是更多地在肠子内部下功夫。健康的大肠里的细菌比大量使用抗生素有用多了。如果这种方法能够确立起来，让大肠重新运作，那么我们距离炼金术士的梦想就更近一步了。

当爱情穿肠而过，它还会走向哪里？走进肠子里。我希望您现在看到这句话，比一开始看书时要舒服一点，因为爱和合作的灵魂在我们内心深处游荡。当我们开始爱自己身上那些阳光从未照射过的部位时，炎症就会减轻，心情就会变好，然后我们会把我们的"老朋友"从肠子里放到心上。这是个小小的奇迹，谁知道呢？也许眼瞎的肠子会重新恢复视力。

腼腆之人的篮球赛

您认识多少腼腆之人？这本身也是个问题，因为人们很难结识腼腆的人。他们之中也不乏可爱之人。在我的舞台节目里，我总邀请那些腼腆的观众站起来大声说：我很腼腆！但是效果并不好。之后我让他们在黑暗中轻声说，这样就没人知道是谁在说话。那一瞬间所有的观众才意识到，有多少人认为自己是腼腆的。腼腆的人也意识到：原来我不是一个人！当然这其中没有真正腼腆的人在说话。因为真正腼腆的人不会去剧院，对他们来说，其他人是陌生的。那么，不喜欢去公共场所的人更喜欢在网上活动？相似的问题有：不喜欢当面和人交流的人使用FACEBOOK的频率更高？腼腆的人更喜欢在虚拟世界与人交流？《电脑与人类行为》杂志发布的最新研究给出了相反的答案。这个研究广泛询问了平时不常用FACEBOOK的人。令人惊讶的是，害怕与人交流的人，也不会使用社交网络。事实是，现实生活中喜欢与人打交道的人往往

○ 爱情穿肠而过

在网络上也更加活跃。"数字裂痕"里已经有话题是关于网络让聪明的人更加聪明，而对愚蠢的人不会有同样的效果。接受远程教育者虽然经常上网，但是获得的可用信息很少。类似的情况也适用于社交网络，腼腆的人不会突然变成网络活跃者。

亲爱的读者，也许您也是沉默中的一员？这是有可能的，因为内向的人比外向的人更喜欢读书。所以当人们和他们聊天时会发现，他们经常是更有趣的聊天对象。而外向的人不喜欢看书，因为他们自己就喜欢谈天论地。

我可以告诉你们，一开始我也不习惯站在人们面前跟他们讲话。我知道很多艺术家和我一样，甚至有些还有舞台恐惧症，在他们不唱歌的时候，还会口吃。今天我已经不再害怕站在广大观众面前，也许我更害怕站在观众少的舞台上。恐惧也会随着任务的不同而增长或消退。

我的兄弟姐妹一直很爱运动，他们玩曲棍球，打网球，打篮球，甚至参与过市队、国家队的选拔。我不一样，我在很早之前就明白，把我分到队伍的中间，我就很庆幸了。见过我做器械体操的人都知道，为什么我会成为喜剧家。

我从很小就开始把我的父母和兄妹当作观众，直到他们不愿意再听到或者看到我的笑话和魔术，然后在有小孩生日或者乡村节日时把我介绍给别人。所以我在上学时就已经积累了很多表演经验。在30个执拗的孩子面前表演过魔术的人，30年后也能在市剧院应付 3000 个成年观众。我想说的是，练习有用。最好是练习自己害怕的事，因为之后你才能意识到，你的恐惧是多么夸张，而你可以多么强大。

我想给世界上所有腼腆的人提供一种训练方法，它很有用而且又很有趣。他们中的许多人害怕与人打招呼。人们有可能被拒绝，但是必须练习用拒绝来得分。就像篮球比赛：收集球筐！为了完成这一目标，人们首先要有一起打篮球的朋友。谁在第一个晚上率先集齐十个球筐，谁就赢了！发生了什么？人们走到每个人面前，问："您可以帮我吗？我刚和别人打赌，您能给我一个球筐吗？您会为我这么做吗？"没有笑的人，也没必要认识了。这种新奇的对话让人更加放松，除了赢之外，还发生了什么？对未来的伴侣来说，正确的人做什么都对，错的人不会做什么都错。

错误的是：事先排练好恭维的话。比如："你的爸爸一定是个小偷，他偷了天上的星星，然后放到了你的眼睛里！"有时朴实的话效果更好。在一次盛大节日的开幕式上，我引用了经典的开场白："你认识谁？是谁邀请你来的？"回答是："我是主办方！"这种情况下最好用一句不能反驳的话，比如："原来如此！"

腼腆的人容易陷入一个错误的逻辑中去。一个腼腆的人会想："别人肯定知道，我很腼腆。"而别人仅仅通过看是看不出来一个人是否腼腆的。他们只看见某人站在旁边，却不跟他们说话。当然一个浑蛋也有这样的表现。

○ 爱情穿肠而过

　　我们经常对别人是怎么想我们的思考太多，而别人根本不会想我们，他们会先想我们是怎么看待他们的。唯一有帮助的就是积极主动地去和角落里的朋友打招呼。很快人们就会知道他是腼腆还是浑蛋，或者是腼腆的浑蛋，这样的人也有，不过很少。

一个关于"妈妈"的误解

为什么全世界的母亲都叫"妈妈"？在斯瓦希里、厄瓜多尔、中国，甚至在巴伐利亚，语言学家们都能碰到这两个音符。这样的统一从何而来？有没有一种原始语言，除了这两个重要的字，其他字我们都忘了。

有些机智的人已经在想他们上一次说过的话在以后意味着什么，而刚出生的婴儿根本不会想他们说的第一个词代表着什么。父母从孩子出生第二个月起听到的一些咿呀声，在语言矫正学上被称为"第一个咿呀学语阶段"。如果教育不得当，这种咿呀学语可能会持续一辈子。婴儿喜欢通过发声装置模仿练习所有他们听到的声音，在第一年里自动就产生了"妈妈"这个词。人体的语音结构把这个词放到了孩子的摇篮，还有孩子的嘴里。

作为妈妈，在无数个不眠之夜后，她也想借这个词从孩子身上获得一些肯定。

继"妈妈"之后,当孩子说"爸爸"时,爸爸就获得了剩下来的东西。到处都是这样?并非如此。在澳洲的皮詹加加拉、危地马拉以及高加索地区,情况恰恰是相反的:爸爸叫"Mama",妈妈叫"Dada"。不知道是不是爸爸在早期教育的初期付出的比较多,但是这确实证明了语言学上早期教育的重要性。很多父母甚至在产前就已经看出孩子身上的天赋迹象了。当孩子在母亲子宫里打哈欠时,就意味着他们精神欠佳。

我认识一些父母,从孩子出生起,他们就用记录仪把孩子发出的所有声音记录下来,以免丢失某些东西。当孩子会说话时,就可以回头听听,自己曾经想要告诉世界哪些重要的事情。但事实是,父母根本想象不到,在那些咿呀声背后根本没有更深的含义,所以他们才自己赋予了其意义。

护士们发现,婴儿最需要的是食物,比如母乳、胡萝卜、木薯或者香肠。"妈妈"其实就是"想要"的意思,或者在重复说的时候表示"还想要",区别可能只在于音量的大小。其实也不奇怪,人们喜欢把类似的发音,比如"Mahmah"还有"Hamham"认为是想要吃东西,之所以"妈妈"如此通用,只是因为人们喜欢听他们想听到的东西,然后跟自己扯上关系,自我认为它原来就是这个意思,全世界都这样。

向乌鸦学习

"如果他掉到沟里,乌鸦就会把他吃掉。"从小开始,从骑士小说到希区柯克的电影,我们会对黑色的鸟感到害怕。而鸟类学家恰恰发现,乌鸦是一种多么乐于助人的动物。乌鸦会安慰人,甚至会寻求安慰!它们不会以牙还牙来报复,它们对新约全书里的博爱了解更深。乌鸦不会啄掉别人的眼睛?对的!别的乌鸦会负责让那只倒霉的乌鸦重新看见光明。

有一篇对普通乌鸦的研究表明,面对外来食肉动物的侵犯,年轻的乌鸦们会团结一致抗敌。但是正如每个男生宿舍里都会有这样的争吵:谁吃了谁的东西?谁可以追求哪个女生?乌鸦也会用嘴对着对方一顿猛啄,直到一方后退,让一方号啕大哭是不可能的,因为乌鸦没有泪腺。

争吵对失败的乌鸦来说无疑是精神上的负担,这会一直摧残着它的健康,甚至可能破坏团队的和谐。所以,当两只乌鸦争吵

时，总有第三只过来安慰，实际上是没有加入争吵的第三方过来安慰。它会给失败的那方提供食物，和它玩耍，用嘴轻啄它，当然前提是它们是一起长大的，不管是真的有亲戚关系还是朋友关系。"我叫我兄弟来"不是一种威胁，而是希望和解。有些鸟类为了让对方开心，会直接安慰对方，靠近对方。争吵得越激烈，就越希望对方能够安慰自己。展现弱势的鸟主动寻求帮助，它得到的不仅是一些食物，还有安抚。另外，失败的一方不是找另外的失败者来寻求安慰，而是找平时与胜利一方走得近的同伴，这样团队才能恢复和谐。

人类比鸟类更应该有这种为别人着想的能力以及在争吵中不浪费不必要精力的愿望。当人们带着如乌鸦般黑的灵魂攻击每一只摔落的乌鸦、每一个酒鬼、每一个傻子时，鸟类已经在我们面前做出了如此好的榜样，它们教会我们如何才能到达天堂。乌鸦会叫，向鸟类学习其实是要我们学习关爱彼此。为什么我们的笨脑袋学起这个就这么难呢？

爱情、心脏和疼痛的关系

一个站在水中,水已漫到肚脐位置的男人会说什么?"这已经超乎我的理解。"这是个不太好笑的笑话。认真的话题是:感觉、理性和非理性存在于我们身体的哪个部位?

如果进行器官移植的话,大脑是我唯一一个愿意把它捐出去而不是移进来的器官。您难道不是这样吗?今天我们相信,我们的灵魂栖息于神经键之间。希腊人还认为大脑只是冷却血液的装置。正如我们现在所了解的,他们说的很多话还是有道理的。他们推测灵魂居住于横膈膜之间,因为那儿是空气和土地,呼吸和消化相聚的地方。被我们翻译成"精神分裂症"的这个词"schizophren",字面意思其实是"分裂的横膈膜"。现在人们才知道,灵魂活动既不在横膈膜,也不在心脏,而是在大脑中进行。

著名的"肚子里的蝴蝶"[①]也和神经细胞有关。所以刚恋爱的人

[①] 形容坠入爱河的感觉。出自美国女作家弗洛伦斯·康维斯(1871—1967)的《祷告之殿》一书。

○ 爱情穿肠而过

传递信息物质的基础代谢会发生改变，然后双方在恋爱的思维上变得越来越像。爱让男人疯狂，让女人理智。但是身体的其他部位对大脑活动一点影响都没有吗？如果灵魂在疼痛，哪里也会痛？到处都会痛，除了大脑。头痛不算，血管要对其负责。

几百年来，浪漫主义者始终相信，心脏是存放爱的地方。好吧，您已经知道了。作为启蒙的现代人，至今还有人相信这个说法。在做完心脏移植手术后，男人和女人可以继续爱下去，通常他们会爱移植手术前他们所爱的人，而且不会突然之间对捐赠人的遗属感到亲切，出于别的原因他们必须匿名。大部分人在移植手术过后的感受是感激，感谢那些在生前就决定捐献给他们器官的人。这样看来这又是心脏的事情了。

爱情、心脏和疼痛是密不可分的！不仅诗人这样认为，现代学者也这样认为。他们研究感觉和器官的交换机制。一个令人开心的结果是，感觉被爱的人发生心肌梗死的概率较小。爱情是值得的，至少对男人来说是这样。女人能活很久，但是爱情的苦恼也会加重心脏的负担，事实上人们真的可能死于"心碎"！人们长久以来看到的童话里的故事，真的可能会被写到诊断书里：心碎症状（broken heart syndrome）。日本是第一个描述这种症状的国家，当时世界上已经出现好几例病例，血液中的压力激素导致心脏出现跟心肌梗死一样的症状，尽管心血管是健康的。

幸运的是这些只是个例，但是每个人都知道心碎症状的姊

妹——心痛的滋味（love sickness）。当我们被抛弃或是不满足于爱情现状时，我们的精神和肉体都会感到痛苦，就像当今人们能借助于图像处理技术看东西，我们的大脑不能区分真实和"臆想"的疼痛。正如某人踢你一脚时的痛觉，同一个神经组织也会释放出社会排斥的信号，甚至更糟。我们含着泪说："虽然这段关系并不顺利，但是它还是让我如此心痛。"这才是符合现实的。我们觉得胸闷疼痛，就好像心上插了一把刀，或者好像某人活生生地把我们的心挖走了一样，爱情的苦恼可以让人抑郁。我们知道抑郁会增加患心脏血液循环疾病的风险。

心脏在爱情一开始时也起着重要的作用。当我们看到另一方时，心跳必须加快，最好是在第一眼看到时。心跳是因为注视还是因为别的原因加快，对我们的感觉来说并不重要。

这个现象催生了下面这个很有创造性的实验，心理学的经典实验：让女人以问卷调查为借口向男人搭讪。等他们在彼此面前站了一会儿，填完调查问卷后，女人留下她的电话号码，万一男人想知道"问卷调查"的结果呢。这个实验真正测试的是事后打电话的次数与调查地点的关系。在吊桥中间接受女方问卷调查的男人比在稳固地面上见面的打电话次数更多。如何解释这种现象？因为我们在桥上努力保持平衡，我们更加激动，所以也更容易对另一个人感到振奋。同时因为他身上也有浪漫细胞，所以更愿意相信，是站在对面的那个人让他激动不已，而不是吊桥。所以有很多人是在健身房

○ 爱情穿肠而过

看上对方的。当人们通过运动使脉搏加快时，突然看到了一个和自己有点般配的人，咔！实际上人们已经大脑充血了。人们不仅可以在某人面前豪爽地喝酒，还可以优雅地跑步。

人们在跳舞、登山、办公室甚至危机时相爱。共同度过那些心都跳到嗓子眼里的危机之后，两个人才能真正心连心。"战后性爱"（Post-Disaster-Sex）的现象也证明了通向极乐世界的路是如何不同的。在2001年9月11日世贸中心遭恐怖袭击之后，很多人在恐惧和悲伤之下不自觉地渴望做爱。新泽西州罗格斯大学的人类学家海伦·费舍解释，这是因为恐惧。在困境中人们对亲密和爱的欲望更加强烈。在意识到死亡时，性爱可能也是一种为了繁衍后代的本能。

我经常问自己，为什么一整代人在经历了那些恐惧之后，仍在叙述他们的战争经历。叙述中不仅包括对危险的恐惧，还包括追忆当时一起生活的经历。

回到和平时代的两性战争，根据我的观察，当爱情也是一场比赛时，关系破裂能导致人们剧烈的心脏疼痛。有人离开时，这一疼痛就会更加剧烈，类似毒品通过快速渗透进大脑来让人上瘾，我们也更容易对另一个人上瘾，当一切发生得短暂又激烈的时候。我们在高空中呼喊，重重摔回地面，然后死亡。当然分手的形式也起着重要的作用，不管是突然的还是有征兆的，无论是自己的原因还是外人导致，原谅还是不原谅。

针对爱情苦闷的严肃研究很少。因为虽然相恋的过程让人神魂颠倒，分手却像一场冷酷的撤退，带走曾经的一切。爱情的开始需要两个人，而结束只要一个人。被抛弃的感觉会把我们扔回几年甚至几十年前。心理学家把这种现象叫作"软弱存储"的激活，生活中所有不好的经历和恐惧会在同一时间被唤醒。因为这种内心的空虚比失去对方带来的悲伤更加明显，朋友或者外人很难和深陷爱情苦恼的人说话。

让事情变得如此不可思议的是，我们会对所有事感到悲伤，包括我们臆想中的，尽管那些事不是现实。与之相反，心理研究和生活经验表明：我们高估了别人给我们带来的幸福感。对爱情苦闷者来说，好消息是，我们同时也高估了别人给我们带来的痛苦。它不是世界的尽头，尽管在某一瞬间我们是这样觉得的。

告别一个死去的人和告别一个只对我们来说"死去"的人，哪一种更容易一些？是不是在想到我们深爱的人和另一个人幸福生活的样子时会感觉更困难？当我们内心能真正放下，就好像在街上碰见他一样，既然我们已经把他踢到外太空去了，是不是更容易找到平静？我不知道。

有个朋友，他的未婚妻因为脑出血过世了，但是后来他也过得很幸福。有些人虽然一直爱着，但是他的爱却得不到同样的回应，至今仍在悲伤。大家都知道这个思维游戏："如果当初我们早一点，晚一点，或者根本没有见面，会变成什么样？""如果当时我诚实地说出内心的感觉，那她也能说出一直以来的感觉，但是现在已经太晚了。""如果那时我们没有分开，而是生了孩子，那现在他们已经又在外头了！"这怀念的机器能让我们挥霍掉生活，因为我们一直认为错过了真实的生活，就好像电影里放的幸福结局，永远不会再去讲述这对夫妇十年后的生活会怎样。最糟糕的是，我们永远不知道，它会变得怎么样。没说或没做的事比说过的、做过的事更让人难受。在我们的生活里不能将电影的角色倒带或者剪切，所以我们一直在精神世界里编造另一个结局。虚拟世界里的角色扮演得越频繁，就越难以和现实分开。

现在我们站在投影的角度，经历离婚后，人们总觉得自己进错了一部电影，曾经围绕一个人的一切都变成了空洞的背景，就好像在电影《楚门的世界》里一样。人们是否和另一个人经历过快乐的生活，这不确定，人们也打听不到这事。我们大脑里的怀念机器很强大。如果这些假设占用了我们如此多的精力，那人们也可以做一个测试。假如你作为编剧，你认为心目中的那些电影类型一直都很相配吗？扮演《非洲彼岸》中角色的人应该不愿意和金刚类型的人结婚。罗萨蒙德·皮尔西和斯坦芬·金出于某些原因也没有在一起。刚恋爱的人，往往头脑发热："我喜欢《泰坦尼克号》，他喜欢《冰川世纪》，我们俩都喜欢冰山。"但这是骗人的，就像《终结者》遇上了《风月俏佳人》，和一个来自未来的人很难一起计划未来。为什么不像《当哈利碰上莎莉》中的哈利和莎莉一样直接成为朋友？这样至少从一开始就知道两人不会有结果的。如果某人曾将自己的人生梦想完整"拍摄"，他会在结束的时候认识到，戏剧手法只适用于戏剧，而不适用于生活。当戏剧在最美好的地方戛然而止，这种认识也许会控制一点苦闷情绪。

现在也有很多针对情感烦恼的咨询，甚至还有旅游产品和热线接听。但是当人们一想到那么多人在生活中碰到这些烦恼，世界上还没有哪个心理疾病像这样普遍，这些方法的效果就显得微乎其微了。一项调查显示，45%的爱情患者曾经想过自杀。

世界上最危险的人是谁？您的配偶。准确来说是您的前妻或前夫。数据显示，被自己认识的人所谋杀的概率比被大街上不认识的人谋杀的概率要高。因为我们灵魂的黑暗面在分开的时候会显露出来。男人比女人更容易因为自己的伤痛去伤害别人。预计一半的受害者为女性的谋杀案都是前夫、前男友或者曾经的情人所犯。"前任"这个词的含义也变得恐怖起来。当男人被杀害时，大多数情况是其他男人所为。前妻在犯罪中占的比例不到10%，或者她们伪装得更好，这就是2011年的数据。

这种现象也不是新出现的，在希腊悲剧《美狄亚》里，一个女人为了向她的情人复仇，拿走了他的一切，她杀了她的爱人以及他们一起生育的孩子。现在的生活更加安稳，谋杀也变得越来越罕见，尽管我们的武器更加先进了。如果所有心碎的人都要死的话，那人类早就灭绝了。现代女人成了潜伏者，或者直接吃药。男人则更经常地采取其他无用的策略进行报复，比如酗酒、放纵。

爱情烦恼会持续多久？这只是调查显示的结果：半年到三年时间。哪些东西能让人忘记烦恼？柏拉图之后，虽然没有更美好，但是有更有用的建议：跟另一方彻底决裂，然后不再相见。转移注意力，直到回忆慢慢消失。具体来说，做一些以前不可能和对方一起做的事。如果你的前任不允许你去冒险，那么就去灌木丛里探险吧！如果他一直不想学跳舞，那你就随便找一个萨尔萨舞老师，扭动你的臀部吧。如此人们不会总想着失去的东西，也会想想得到的东西，就像只有远离毒品才能戒毒。

一旦第一阶段"一切都不是真的""总是我""这不会让他伤心"过去，忧伤减弱，是时候考虑一下，我自己都不能给自己的东西，别人怎么会给我？在心痛的背后，有多少感情是真的想要接近对方，有多少是夸张的感情？

其实这种状态不能被称为爱情的苦恼，这听起来有些幼稚。有一个受害者曾经发现过一个更贴切的表达：生活的苦恼。当人们想到自己不是第一个，最后一个，也不是上一个时，多少有些安慰。"爱情快乐过后紧接着是爱情的烦恼，就像今天一样，就像今天一样。"虽然大家都会唱情歌，但是很少像海因里希·海涅在《诗人之恋》中写得那般贴切：

> 小伙子爱上一个姑娘，

那位姑娘却有另一位意中人。
可她的意中人爱着另一个人，
并和她结为连理。
姑娘赌气嫁给小伙子，
这是她遇到的
世上最好的男人。
可这小伙子真够倒霉。
这是一个古老的故事，
到如今却依然新颖，
谁摊上这种事，
那会撕碎他的心。

有时候眼前树木太多，根本看不见天使。

道歉的真实含义

"玛尔塔·劳琳先拿到铲子的,现在把它还回去。看,他现在正在哭,向他道歉。"从小开始我们就被告知,不是所有我们想要的东西都是我们的。当我们跨过界线时,我们必须要道歉。

在第二个学习阶段,对玛尔塔·劳琳来说更难做到的是:大方接受道歉。这些事情是如此日常,以至于我们从来不去想它们隐含的意义,也不曾想过在这期间会不会有新的误会产生。比如:"我已经道过歉了!"在这里 A 很生气,但不是因为 B 做错了什么事,而是因为 B 不接受 A 的道歉。事情的关键不是来自外界,而是在两人之间,现在 B 是坏人。人们会通过把责任推到被伤害人身上来推卸自己的责任,个人的或历史的例子不胜枚举。

欧洲文化侧重于个人,而亚洲文化侧重于团队。我们知道蒸汽机的发明者,但是不知道随身听的发明者。我们仰慕天才,但是很少仰慕一个天才的团队。这和道歉有很大的关系。首先,这种对天

才的狂热崇拜必须包含道歉，如果我们不是"歌德"。其次，我们也没兴趣去关注团队里出现的错误。对我们来说，有一个犯错的人就够了。这也是为什么在体系复杂化的时代，亚洲文化能领先世界一个鼻子的距离。我为我的用词道歉。

在道歉和内心不愿接受道歉的道德争论里，我们犯了三个错误：首先，女人没有更优秀，因为她们经常道歉；第二，说出口的道歉可能比精神上的道歉更加伤人；第三，"抱歉"这个词本身就是无稽之谈。

女人比男人道歉的次数更多？是，也不是。女人确实更容易说出"抱歉"这个词。但是别的词说得也多。普遍的解释是，男人更加高傲或者懦弱，或者他们只是想要保护他们敏感的自我。有人对此有过研究也是很好的。两位加拿大的心理学家，一位男士，一位女士，曾要求他们的测试者写日记。不管是"伤害者"还是"被伤害者"都要被记录下来。我有多少次应该道歉？什么时候我会期待别人的道歉？

第一个令人惊讶的结果是：80%的人认为在道歉时都要付诸实践。男人和女人的频率是一样高的！后悔的程度和质量是没有区别的。第二个结论是：男人很少觉察到道歉的必要性。当一个男人意识到他要道歉时，他就一定会道歉。但是把一个行为归于"错误的行为"，男人的门槛确实比女人高。第三个结论是：这种粗线条也是双向的。这意味着男人期待道歉的次数也比女人低。

○ 爱情穿肠而过

在另一项研究里，必须评判某些情形，比如"我昨晚三点把某人吵醒了，因为我不小心拨了电话"。男人觉得这没什么。好吧，他们更容易再次入睡，或者他们根本没有真正醒过来。

对家庭纠纷来讲，男人如果不道歉，不代表他有不好的想法。这真的可能是因为他们的感知不一样。这不是错误、不善解人意或者冷漠，我们都不是读心者。唯一能知道对方当时在想什么的方法就是问他。但是，亲爱的女人，当男人说他们当时"根本没想什么"时，千万不要失望，因为确实是这样！

道歉后，心理上会有什么变化？心里又好过了？它有多少价值？当我们频繁使用它时，它不会贬值吗？鹿特丹的一个研究团队曾经发明过一个信任游戏，在游戏过程中，受试者的同伴会故意向他虚报钱的数目。"骗人者"其实是这个团队的人。第一个实验是，在游戏过后，部分被骗者想象一下被道歉的感觉。另一个控制组的人得到一个真实的道歉。

谁会感觉更好呢？令人惊讶的是：第一组，只是想象有人向他们道歉，效果却比真正接受道歉更强。怎么会这样？在内心想象道歉的人，使用了太多的粉红色颜料。内心的宽宏大量在这里得到了肯定，通过对罪责的坦白，内心也释然不少。真实的道歉并没有达到理想的效果，不会让人的心情变好许多，信任也比预期的少。

这种现象出现在很多领域，被称为"情感预测误差"。人类在预测自己的情感方面真的很差，我们以为赚很多的钱，换一份工作或者换一个对象就能幸福。当这种幸福停止时，就会感到失望。心理学家丹尼尔·吉尔伯特在过去十年里对这种集中自我欺骗机制进行了研究，并且从他的角度阐释了我们的幸福感。当我们拥有的钱不像想象中那样使我们幸福时，而别人拥有了我们的钱，就像债务危机时那样，我们内心的情感冲突会不会变得更加复杂？一切将会混乱不堪。谁欠了谁什么？谁又是这场灾难的罪魁祸首？谁是"银行""市场"或者"希腊人"？希腊人除了吵吵闹闹，不应该感到一丝"抱歉"吗？

清楚的是，没有人是幸福的，人们不会相信任何人。没有人感到抱歉，就算是著名的银行高管试着用这些话来道歉，比如"我们必须适应我们的基础机制"，也没有人会因此感到好过。这里缺少的是决定性的一步，缺少共同的目标——在未来能真正做一些别的事情。

如果有大量涌现的道歉，那就是指火车事故。我再也不想听到"我们请求您的谅解"这样的话了。我不理解一辆满载乘客的火车怎么会因为"孩子在轨道玩耍"而临时变道，结果导致几千名乘客迟到两小时。火车司机应该在玩耍处的 50 米处刹车，然后我会亲自拿走他们的铲子！接着他们要在所有人面前道歉！就算要两小时。

我生气的还有："抱歉"在词意上是免除责任的意思[①]，也是原谅的一种。当我们说"抱歉"的时候，其实更准确地来讲，是在

[①] 德语中"对不起"一词有去掉责任的意思。

说：我请求你，免除我身上的罪责。但是我们自己不能对犯下的错免除罪责。

英语中"to apologize"是"请求原谅"的意思，"to excuse"是"对某人或某事感到抱歉"的意思，这是两个完全不同的词。主题是"apologize"，"对不起是最难说出口的话"或者"重归于好"的歌比表达后悔的歌更多。当听到这些伤感的歌曲，尤其是由男人沙哑地唱出来，人们能切身感到背后隐藏的那些疼痛，还有多少男人的自怜。但是我可以用我的经历告诉你们，这些对于女人不起作用。

只有被伤害的人才能使我们解脱，我们逃不掉内心的自责，除非对方不再对我们怀恨在心。我们可以请求原谅，请求宽恕，请求一切不需要法律索赔的东西。在世界与花丛之间，在积极的悔恨和救赎中，有一片天空突然变亮，那是我通过坚定的自我尝试获得的一片精神上的天空。

请您马上试验一下，现在想想让您特别生气、恼怒、不可原谅的事，然后握紧您的拳头。您越想您遭受的事，您就越能感受到愤怒，也就更用力地握紧拳头。再紧，再用力，直到指关节泛白，指甲掐进肉里。当您再也不能忍受时，请您想象一下，如何原谅那些过错。放松，慢慢打开您的拳头。请您感受，血液是如何慢慢流回到指甲里的，生命如何再次回到手中，您如何恢复您的判断力。然后问自己：原谅最后对谁有好处？选择就在您的手中。

犯错是人之常情。更为人之常情的是把错误推到别人身上。极少数人从不犯错。我从没认识过这样的人，但是我是一个新教徒。马丁·路德有句话很有名：Peccate fortiter，意思是"勇敢的罪人"。只有犯过错，才会做对的事。从错误中人们也可以学到一些东西。在那些敷衍的罪人身上，人们既不会有短暂的快乐，也不会有长时间的净化。

邮票就是因为错误而成了独特的东西。在生产过程中如果所有的事都按照计划进行的话，没有人会对毛里求斯感兴趣。最近我第一次听到"humanizer"这个词。我最喜欢的钢琴家克里斯多夫·罗伊特跟我说，现在的电脑能模仿钢琴的声音，人耳已经无法将其和真实的钢琴声音区分了。"Humanizer"是一个电脑程序，能够使电脑音乐听起来就像人弹奏出来的一样。人们虽然可以制造出机器，用电子乐器来代替乐队，但是人们却犯了一个错误：那样的音乐太完美无缺。太完美的音乐听起来很无聊。因此"humanizer"尝试偶尔出现一个半音符，偶尔慢一拍或者漏掉什么。根本不用想，如果每个演奏者因为每个小错误向观众道歉的话，一场瓦格纳的音乐剧要持续多久。电脑不用道歉，它只做符合它天性的东西。所以我们也可以像喜欢音乐的人一样，睁一只眼，闭一只眼，享受这小小的混乱。因为只有这样才能让人生的舞蹈变得有趣起来。

今天我要嫁给我自己

在一场30多位亲朋好友见证的婚礼上,一位来自台湾的新娘对自己说了"我愿意"。陈唯怡解释说:"在我们学会爱别人之前,我们必须学会先爱自己。"这位三十岁的女性的婚礼计划之前在FACEBOOK上就已经获得了广泛支持。只有戴戒指的时候她需要母亲的帮忙,至少这不是反对盟约的。

嫁给自己的婚礼,开始听起来像个笑话,然后又像一种威胁。当社会凋零,它不就是一种结果吗?嫁给自己的婚礼是一种纯粹的自恋,还是爱情掉进了井里?或者像伍迪·艾伦说的:自我满足与跟自己所爱的人做爱是两码事?很久以前就有关于已婚者的笑话,但是我还从来没有听说过关于单身汉的笑话。一个也没有!年轻的女性在她的婚礼前会对自己说:"我已经想了很久,但是因为我一个人住了一段时间,我有一种感觉,我跟自己结婚也行。""婚姻的旅程一定充满惊喜,我现在还不能确定,它会走向哪里。""谁知道它会持续多久,也许对我来说会出现更好的。"

我们的社会日新月异,孩子的数量越来越少,越来越多的人不愿长大。对很多人来说,和另一个人建立稳定的关系,并且一起生活,其可能性就像用固定电话找到某人。但是人们这种内心的渴望会一直存在。

人们分手的原因很简单,但在一起的原因就很难解释。人们很容易"感情变淡",谁可以告诉大家,人们是如何"在一起"的?

研究表明,对个人幸福而言,老朋友比家庭更重要。和朋友分开往往没有那么戏剧性。人们现在从关系一开始就抱着最理想的心态——必须完美匹配,但是没有人能符合期待标准。如果人们在一开始就百分之百匹配,那么后期如果其中一个人有了新的发展,那不就是百分之百给对方增加负担了?宁可一开始只有70%的匹配度,后期才有向上发展的空间。

计算理想伴侣与自己的匹配度这一不靠谱的说法有个盲区:彼此在一起时所产生的活力。在发展一段关系之前,我不知道我的哪些心弦会被对方拨动。我的哪些天赋和怪癖会被他激活,哪些事变得不太重要。"我爱你"是一句浓缩了的话,因为实际上它意味着:我不只爱你的样子,我也爱和你在一起时我的样子!呼!说出这些话真的不简单。对我来说,当和别人在一起时,能够爱上自己,就是匹配的最重要特征了。

爱自己并不那么容易,所以单身婚礼的想法听起来也不像一开始那么荒唐了。心理学上有一个很难翻译的词叫作"自我同情"。它是自我鄙视和自我接受的混合体,和自怜自艾没有关系。"自我同情"的人能够更好地度过危机,很快就能走出阴影,重新振作。心理学治疗法改变一个人的成功之处就取决于此。学着和自己做朋友,比探讨一些宏大的理论,比如为什么人们会这样,人们如何这样,更加有效。

"自我同情"的危险在于,有心理疾病的人对自己有足够的探索与感知,对伤痛有足够的了解。但是我们自己通常是很差的安慰者或建议者。在一项原始调查中,人们被要求给出建议,并且想一下别人会怎么建议。从自我角度出发,互换带来了很好的结果!丹尼尔·吉尔伯特是很多情感认知以及错误判断的发现者,他指出,在很多重要的情形下,询问别人的意见比听从内心更好。因为在那儿只能听到自己的声音,而第三方对我们的看法更加准确、有效。

所以单身婚礼过后,剩下的其实就是对已经失去的、曾经可能的、把"你"变成"我们"的缅怀。有一对夫妻曾经说过一个令我十分激动的回答:

"我们是怎么认识的?"

"通过结婚!"

我会变得更好

带着深深悔意的歌曲"Bésame mucho",意思就是"我会变得更好"。唱这首歌,或者提前哼唱一段旋律,来中断吵架。

我会变得更好,

我真的会变得更好,

我今天立即就会开始。

我会变得更好,

我真的会变得更好,

从今天起,

我会完全变成另一个男人。

这里,

我的宝贝,

○ 爱情穿肠而过

这里是你的咖啡，

我把它端到你的床边，

就像你喜欢的那般。

顺便说一句：

早饭已经做好了，

只要你征服赖床的惯性。

你已经意识到了，

我穿干净的袜子。

我自己买的那些，

都是今天买的。

拖鞋也是新的，

一样新鲜的还有花朵，

把它放到窗台上，

邻居看到了也会嫉妒。

那么今晚，

我为了你，

我侧耳倾听，

向你学习。

我只会说关于我的，

还有那些深刻的感觉,

那些理智站在门外。

如果你有兴趣的话,

我可以先为你表演一段前奏。

很久很久,

直到天色微亮。

在黎明时分,

我依然,甚至更加仰慕你,

久久不能入睡,

一直醒着,

只为了服侍你。

我会变得更好,

我真的会变得更好,

我今天立即就会开始。

我坐姿绅士,

只会偷偷地吸鼻涕,

你能感受到,

我已经完全是另外一个男人了!

罗非鱼、乳头困惑、肉毒杆菌素、垃圾邮件、牙医、神经生物学

第三章

对皮肤和肉体的爱

鱼疗spa

为什么鱼有鳞片？它们不游泳的时候，应该把鱼鳍放在哪儿？认为这是个荒唐笑话的人，肯定没听说过鱼足疗。为什么鱼会有嘴巴呢？为了啃人类的脚底板！这不是一个笑话，而是一种新的养生方式：鱼疗 spa。

在那些红色小鱼可以养生的名声广为人知之前，它们的功效已经体现在它们拉丁文还有英文的名字——博士鱼上了。为了不让人产生误解，这个头衔不是通过论文答辩得来的，而是归功于这些小罗非鱼的生长环境，它们生长在土耳其坎高地区的温水里，这些水里的营养物质极少。由于这种贫瘠，小鱼会吃所有的东西，包括人。在很长一段时间里，这些小鱼被用来治疗牛皮癣——一种皮肤疾病，患者皮肤产生的皮屑过多。现在这种治疗方法受到了广大家庭妇女的欢迎。每个大城市都有一家鱼疗工作室，就像古老的钓鱼智慧："虫子必须是鱼喜欢吃的，而不是钓鱼人。"客户被忽悠上门，

只因为店家说在这个过程中能产生"自然和身体的和谐"。

什么？自然在这里又有什么作用？人们只是在喂鱼，饥饿的鱼只是在享受它生命中幸福的一刻，一点点吃掉人们脚上长出来的茧。广告里说的是"温柔的脚部感觉"和"足部反射神经的刺激"。太不可思议了，这些小动物居然能记住所有筋脉的分布！店家在宣传册上写着："这是一种乐趣。"难道对鱼来说也是？

如果您问我的话，我认为这是一种对食物链的误解。大自然创造力的王冠一直延伸至没洗过的下肢，人们花 30 欧元在装满可怜的小生物的木桶里浸泡 30 分钟，那些小鱼看起来就像是带着鱼鳍的吸血鬼。这五千条小鱼本来是可以吃其他鱼食的。这个工作也可以由茧子刨刀花 3 分钟，3 欧元完成，但是这种体验就没有了！

每个人体验过后应该都会感到幸福。但是如果有人坚持让别人啃他的脚丫子，那也很容易找到有恋足癖的人，他们可以免费服务！但是马上会有呼吁保护动物的禁止令。不，我会觉得采用"俄罗斯转盘"更有效，这样才真的刺激。在六个木桶中的其中一个木桶里放上水虎鱼①。

---

① 贪婪肉食且常攻击并毁灭活着的动物。

男人的乳头困惑

我们男人喜欢乳房,所以它才被叫作第二性特征。当一个男人看到它时,别的事都排到第二位去了。这种强大的魅力是来自哪儿呢?也许是来自一个我们根本记不起来的时期——早期童年。

您是否知道"乳头困惑"这一概念?这是指早产的孩子因为力气不足而无法吸奶,然后母亲会把奶挤出来,用奶瓶喂给孩子喝。婴儿第一次接触到的是硅胶奶嘴,然而当婴儿第一次吸真正的乳头时,他们会感到疑惑,因为他们不知道,哪个是真的,哪个是假的,这种现象就叫作"乳头困惑"。您可以谷歌一下,但是我不敢保证您会找到哪些网页!

这个专业概念还是当年我作为儿科医生在新生儿病房学到的。今天人们知道橡胶乳头对哺乳关系不会造成损害。为什么我要在这本写给成年人的书里提到这种现象呢?因为我相信,在某些男人身上,"乳头困惑"会持续一辈子。男人在成年后也可能分不清

橡胶和真实的乳房。魅力依然存在，即便不说我们在吸母乳的时候的感受。

不好意思，小伙子们，但是更残酷的现实是，最好的年华已经逝去，对我们中的每一个都是，更准确地说，最好的一年，是出生的第一年。那时你在所有女人身上都有机会，这样的时光一去不复返。那时你的头上还没有头发，顶着圆滚滚的肚子，但是所有女人在看到你的第一眼时都会说："看啊，多可爱的小东西！"当你必须打嗝的时候，所有人都欢呼起来："打嗝了！"换到今天，马上就会有人说："你这个粗俗的人！"当你在尿布上放屁时，周围的人都相信："他自己已经能消化了，也许是个天才！"如果今天我们还能拥有这些赞美的一小部分就好了。

最后一个重点是：在第一年里，你能自由接触丰满的乳房，这曾是天堂。严肃来讲，我相信我们对天堂或者涅槃的模糊想象就是来自这段早期时期，那时我们还没有形成自我意识。我们只能感受到在最好的情况下，自己处于怎样的状态。在乳房旁边你能感受到温暖、亲密、营养、心跳，被温暖柔软的幸福云朵包裹着。

弗洛伊德宣称，人们在心理上想要重新回到子宫。荒谬！我在子宫里要做什么？在那里人们看不到外面的世界。我们不是要进入肚子里，而是靠在肚子上，然后一览无余地往上看，还是重新回到乳房上？当一个婴儿大声喊叫时，女人会立刻打开衣襟。当一个成年男人心情不好时，结果却恰恰相反，她们的衣襟依然是扣起来的。

○ 爱情穿肠而过

当我们在夜晚因为不想再躺在别人肚子上而醒来时，我们期望的是能独自再次入睡，进入颠倒的世界。

当然，女人在婴儿时期也被哺乳过。但是她们自己会长出乳房，然后就能摆脱儿童时期的依赖了，男人则永远不会。在这里我必须要说的是，所有的一切都是大自然的安排。如果男人有乳房的话，他们会被双重压力完全击垮。

尽管如此，但男人也有乳头。为什么？这是残余的部分，是为了纪念男人也是从女人来的。根据卵子的结构，我们在一开始的几个星期内都是女人。这是对的，但是现在解释起来还有一点困难。发展的"正常"路线是女性的模式。但当Y染色体出现时，这就意味着受精卵会形成一个男孩，所有女性的结构都会被重新改造。简单来说，所有人在母亲肚子里时都有乳头，不管男女，这个部位都被保留了下来，虽然没有用处。为什么在进化过程中这个器官没有完全消失？也许男人的乳头还有一个初步的判断功能，在喝醉时还能分出哪是前，哪是后，但这只是我个人的推断。

还有一件不清楚的事是，除了哺乳期，乳房还能用来做什么？我们的近亲黑猩猩只会在它们有孩子的时候才会长出乳房，其他时间不会，当然它们也没有想到在间隔期用硅胶来代替。对它们来说更具有吸引力的是它们的臀部，它象征着交配。雄猩猩觉得红屁股很好看，男人也喜欢看屁股，但是随着人类进化成为直立行走，人们需要一个在更远的距离里还能看清的特征。乳房就这样成了新的

亮点！这种无声的诱惑又上了一层台阶。严格来说，我们应该庆幸，我们的臀部没有乳头，乳头也没有像奶牛一样长在四条腿的中间。只有大象、猴子和人的乳房是长在前肢中间的。

下一个不容逃避的问题是：乳头为什么只有两个？如果男人确实是猪的话，为什么女人没有6个或者8个乳房？问这个问题是不是显得我像蠢猪一样？我也是一种哺乳动物！事实是，乳房的数量相差很大，从2个到啮齿动物的24个，比如大名鼎鼎的多乳头鼠。

但是是什么决定了人和动物乳房数量的不同？为了最终让女性也有发言权，加之我自己不能特别诗意地表达，我决定引用吉森尤斯图斯·李比希大学动物解剖学研究院的萨比娜·维尼施说的："哺乳动物的乳房数量是配合幼崽的数量的。"

大致的规律是：乳房的数量是平均幼崽数量的两倍。1只多乳头老鼠一次可生产12只小老鼠，所以是24个乳房。马或者山羊一次只能产下1头幼崽，所以相应的它们只有两个乳房。维尼施说："人类也符合这个规律。"人类只有1.2%的可能会产下双胞胎。

人类在受精卵阶段也计划发育多个乳房，但多乳房只出现了几个星期，然后慢慢消失，最后剩下两个。但是它们也没有完全消失，在正常的乳头下面，人们偶尔依稀可见当时"额外的乳头"，或者说是给三胞胎备用的。当您下次躺在澡堂里无所事事的时候，您可以先看看自己的，再看看别人的。还有当您下次上网时，在网

○ 爱情穿肠而过

上可以找到很多美国演员马克·沃尔伯格上半身裸露的照片,在他胸肌的下端,您可以看到一个额外的乳头,人们很喜欢把它和色斑混为一谈,因为它真的很小。

胸最重要的是大小?是的,男人的"乳头困惑"是可以测量的。法国的社会心理学家尼古拉斯·顾埃衮为了仔细研究这个问题,他让一个20岁的女孩到街边搭车,测算男司机和女司机停下来的次数。女孩穿着一件可伸缩的胸罩,里面可填充不同的东西,这样可以用于测验胸围不同时的情形。我发誓,我没有想过这种点子。伪造的乳房就像吸铁石一样把男司机吸引过来,他们停到路边,当他们得知还是要一个人继续开车时无比失望,一切只是为了一个科学实验。女司机几乎不受乳房大小的影响,而男司机停下来的次数随着乳房的变大而增加。实验者在测验了1200个人之后就终止实验了,为了避免在"双D"情况下引起大规模交通事故。其实男司机应该在车尾贴上便利贴:"我也会为乳房刹车。"

同一个实验也在酒吧进行过。一名做诱饵的女性在酒吧里不和任何人进行眼神交流,当一个男人试图靠近她时,她要故意暗示她的男朋友马上就会过来。当她穿A罩杯时,18个男人靠了过来。当她穿B罩杯时,28个男人。那C罩杯时呢?我不好意思说,60个!多莉巴斯特的问题"A、B还是C?"的答案早在人类进化初期就确定了:具备最强哺育后代能力的人。作为真正意义上的男人是永远"看不够"的。

对此我有一个理论：男人在婴儿时期对母亲乳房的大小是没有印象的，但是记住了它和头的比例，并作为一个内部图像储存了下来：头这么大，胸部相对这么大。但是我们忽略了我们的脑袋随着时间的增长是在长大的，然后下意识地总在寻找这种比例。

为什么我要写这些东西？因为我要努力为男性同胞争取一些理解。亲爱的女人，当我们有时直愣愣看着你们时，不是因为我们猥琐或者色情，而是因为我们内心深处想的是下一代，我们只想给他们最好的。

美丽的代价

微笑时的皱纹很性感！当我看到一个25岁的女人，眼角没有皱纹，我不会问她用的是什么面霜，我只想问她的生活态度是怎样的。我不希望带着这种生活态度坐在轮椅上，如果您理解我说的是什么意思。

那些时髦的女性是怎么做的？她们在额头上注射世界上最毒的物质之一，大家都知道的肉毒杆菌素。她们认为这样就会讨别人喜欢。风险和副作用可以问医生或者药店的人。在这种情况下最好也问一下心理医生，因为他们一直知道，除了语言，表情和肢体语言也是我们最重要的交流渠道。鲜为人知的是，只有通过我们监视身体发出的信号，才能认识到自己的感觉。我们从内而外地审视自己，然后大脑问：今天感觉怎么样？当我意识到我的嘴角不自觉上扬时，这就意味着"心情很好"。

人们可以通过在鼻子和上嘴唇之间夹一支笔来测试这种现象。虽然一开始看起来有点奇怪，但是一分钟后人们感觉就变好了，因

为我们除了扬起嘴角就不能做别的事了。当我们在办公室观察一个人时，他们脸上的笑容会传播开来，最后又回到我们身上。因为当我们对着他们时，我们也能感觉到他们的感受。

有人会问，为什么微笑那么容易传染？因为在感觉强烈时，我们除了在毫秒内让我们的脸部肌肉适应对面人的脸部，别无他法。从我们的脸上可以看出别人是什么感觉。通过脸部表情表达的感情不断在映照、反射、感知中循环，这种现象是在前几年才开始被发现和研究的。

美国科学家大卫·A.哈瓦斯和他的同事曾经邀请40个人参加一个实验，通过注射肉毒杆菌素使额头变得光滑。当我们读取脸部表情时，会受很多因素的影响，比如性别、同情、相似度。为了排除这一切因素，在实验中测试受试者能否正确地读取表情，在脸部光滑前的一段时间和之后14天里，受试者分别阅读愉悦的、悲伤的或者让人恼怒的文章。只要他们理解了句子的意思，就按下按钮。实验据此测试人们读懂文章的情感信息需要多长时间。实验结果显示：人们理解愉悦句子的速度在注射前后没有区别，但是在理解令人恼怒或者悲伤的句子时，注射了肉毒杆菌素后比之前需要的时间更多，因为他们不能再皱额头或者眉毛。他们缺少脸部表情的多样性，无法理解感觉，表达感觉。

语言不是纯抽象的东西。我们在理解情感的时候会依靠身体，将其视为天线。如果我们看不到人脸的话，就算没有肉毒杆菌素也容易犯错，尤其是在写邮件时，如果没有任何情感的暗示，比如这个邮件是以怎样的心情、怎样的目的写的，邮件就很容易引起误解。就算有表情符号或者缩写词 LOL（狂笑）也不能代替人脸。在面临复杂的事情时，面对面交流是我们能选择的最好方式。虽然扑克脸在谈判时很有效，但我们仍不愿放弃对他人生活中其他方面的情感解读。我们想要探索面具后面的世界，包括对方的和我们自己的。如果这个面具瘫痪，太过于粉饰或者变得面目全非，到时我们连自己都不认识了，这可不太好。我希望您看到这儿的时候能微微一笑或者皱下额头，可以吗？

人们可以通过脸部表情看出一个人是否真正理解别人说的话。打了肉毒杆菌素的人也许第一眼看上去年轻了 5 岁，但是一旦开始与他交流，就发现他的智商也掉了 30 个点。很多男人可能会说："这对我来说很重要，我应该对此更加小心。"

我还不认识有人会因为觉得自己的肝脏太小或者智商太低而感觉不好的。但是有很多女人一直在问自己：我脸上哪些地方不好看？我的腿是不是太短？胸是不是太平？问题是，为了谁？这些对大多数男人来说真的不重要。而男人们一致会想：我的阴茎太小了。很多女人会觉得：对我来说无所谓，只要不是我丈夫就行。

亲爱的女人们，当你们笑起来的时候，你们真的很美。完美很无趣，脸庞和整个身体都是。每个人的腿都是正常的长度，只要能接触到地面。还有男人们，只要不接触到地面的阴茎都是正常的长度。

垃圾邮件、精子和铃兰

您认识苏西·阿尔希波娃、蕾蒂西亚·巴尔萨摩或者朱利安·欧哈拉黑纳斯吗？我不认识她们，但是显然她们认识我。据说我和第一个人一起上的小学，第二个人曾经想和我一起分她继承的遗产，第三个人买了太多的药。很久之后我才意识到，她根本不需要用这些药。现在发送信息的人努力地正确表达邮件内容并且使用真实好友的地址。但是当我读到，恰好布丽塔去"苏格兰"旅游了，而且所有家当在那儿被"偷"之后，我完全不相信她所说的："直接告诉我，如果你在汇款的时候需要我个人信息的话。"如果我的朋友有困难，我一定记得他们的名字。

为什么有那么多垃圾邮件？谁会真的相信世界上有那么傻的人，相信有人与他分享尼日利亚的遗产，相信找到了石油或者是数据丢失呢？这些故事，就算我最好的朋友在我喝得酩酊大醉时讲出来我也不相信。我有时会想到垃圾邮件（spam）和精子（sperm）

的相似性。不仅因为发音相似，还有更深层次的含义。简单来说，垃圾邮件对我们的折磨，实际上抄袭的是生物学上的一种现象：几百万的精子追求一个卵子。

这也能解释为什么大多数的垃圾信息都是推销促进生育药品的。我母亲最近才申请了一个邮箱，她告诉我，她回复了每一封邮件，并委婉地在邮件中说她不需要那些延长时间的产品，让他们转发给有需要的男人。

每个精明的用户当然都能识别这些伎俩，但是对发送垃圾邮件的人来说，只要所有收件人中有一个无知的人落入圈套就够了。这就像无知的卵子，只要允许百万精子大军中的一个进入，所有的努力就都值了。耗费所有的损耗后得到了巨大的成功——新生命。这个类比可以继续类推避孕环和垃圾邮件过滤器有什么区别，避孕套和防火墙有什么区别。精子就像精神病医院里的病人，绝望地朝墙撞去。

众所周知，垃圾邮件是从发送方那儿来找到本地机的路径。但是精子是如何找到方向的？至今仍然是个谜。在陌生的环境下，它们是如何找到路线的？除了跟它们一样迷惘的伙伴们，它们还跟随谁呢？它们没有导航系统，而且这个距离放在人类身上，就是横穿英吉利海峡的距离。

唯一的出路就是：气味！近年来为人所知的是，事实上卵子能散发出一种芳香，这种香味能让人联想起铃兰的香味。它躲在输卵管里,柔声唱道:"快来抓我,我是春天!"然后精子们跟随着诱惑的呼唤寻觅而来。

另外,女性的性激素能刺激黄体酮素的产生,促进聪明的小伙们高效工作。黄体酮素对精子来说闻起来像什么?这我们就不知道了。但是它们也满脑子的问题:我应该游到哪一条输卵管里?往右还是往左?如果转弯转错了,那一切努力就白费了,这才是真正的生命抉择!它们借助于微积分方程的计算,受体会计算最小的差异,以此来改变整个游行的积极性。这难道是对的?这些小东西居然掌握我们在高中才学的东西,而且我们可是学了以后就忘记了!总结:精子虽然是受尾巴控制的,但是它们其实是带着小脑袋的。

有一个符合该理论的观察结果:闻不出铃兰味道的男人,有更多生育方面的问题。因为嗅觉受体的结构存在于身体每一个细胞的遗传物质里,所以如果一个地方缺少了什么,另一个地方也会缺少。这种特殊的情况正好应了那句谚语:就像一个男人的鼻子……

世界著名的嗅觉研究专家汉斯·哈特先生跟我讲过,关于身体里有多少气味有特定的作用,我们还在研究的起步阶段。比如最新的实验证明了一个古老的家庭常备物品的作用:薰衣草的香味有安神的作用。事实上,薰衣草的香味让心跳变得更加缓慢,香味能通过肺快速进入血液中。慕尼黑的科学家们甚至在大肠里找到了识别海风味道的受体,这些受体是用来做什么的还有待研究。但事实是,香味的识别和繁殖后代有紧密的联系,每个人在"闻不出某人

○ 爱情穿肠而过

味道"时都深有体会。但他仍然想表示友好,不管是止汗剂还是香水都不管用。

喝醉酒的人总喜欢在回家的路上用薄荷口香糖来去除酒味,但是这就像厕所里的香薰一样难以让人信服。没有一个女人会相信,因为她们的鼻子更加灵敏,或者至少更加训练有素。

很多男人认为香水好处多多。用对了香水能让女人像猫跟着鱼贩子一样,跟在男人后面。但是人们在香水商店里很快就能发现,所有人在到底选哪一种香水的问题上很绝望。芝加哥嗅觉及味觉治疗研究中心总监艾伦·希希不认为"你喜欢我身上的香水吗?"这一问题取决于女人的主观印象,他观察了人们的身体对强烈气味表现出的最可靠特征:血流速度的增加。将气味样品滴到外科口罩上,直接放到受试者鼻子前。为了排除某些人会因为戴着医生的口罩而激动,也有些口罩上没有滴样品。这就是科学!

结果令人清醒:测试的男性香水没有导致脉搏加快。相反,血管反而收缩!创新的研究者也测试了食物的香味,它们据称会刺激性欲。樱桃的香味不受欢迎,就连从原始时代起就存在的男性气味,即烤肉的味道,也失败了。什么味道能让女人兴奋起来?黄瓜的味道,它能让供血提高30%。不过再次强调,实验只测试了黄瓜的味道。

在香水发挥作用之前,使用的化学物质必须要合适,人们必须能闻出来。在不故意人为控制的情况下,某些特定的气味能告诉我们，哪些人从基因角度来讲是适合我们的。就像漱口水不能完全驱散酒气，香水也只能盖住我们身上少部分的味道。柠檬的清香带不来轻快的心情，麝香的味道也无法让人感觉自己深陷其中，这都只是幻想。唯一上当受骗的就是我们男人自己。女人不喜欢仅凭鼻子就做决定。她们看重的是男人已经洗过澡了，或者她周围没有人大汗淋漓。因为她们在 10 英里（约 16 千米）外就能闻到这些人的味道了。也许下次我不用香水，用黄瓜面膜试试。感谢这项研究让我明白，为什么没有一款止汗剂是烤肉的味道。

时间的龋齿

看牙医的感觉很特别,它既像是最后的审判,又充满惊险刺激。随着年龄的增长,我慢慢和牙医产生了一种亲密的关系,我猜就像女人和她们的发型师或者妇科医生之间的关系一样。我的泌尿科医生是在读大学的时候认识的,所以我没法比较。但是我们大家都必须去看牙医。他玩弄了我们所有人,我们恨不得咬牙切齿,但是我们不被允许。首先,最重要的问题是:选择私人医生还是社会保险?不公平的是,几乎95%的牙医名声不好。我出于嫉妒才这么说,因为牙齿是医生的天敌,仅人类身体上一个一目了然的部位花的钱几乎和身体其他部位一样多。外行人就会想:这真的公平吗?其中牙医哭诉的声最大:"我们也是勉强糊口。"是的,这也是你们的工作!选择职业的时候要擦亮眼睛。

如果你对一个白衣英雄还有尊敬的话,那就坐在那个众生平等的椅子上。从现在开始,曾经犯下的罪行来报复了:吃甜食,晚上

不刷牙，不使用牙线。牙线对于臼齿而言，就像坦加比基尼对臀部一样，不论从美观还是实用上来看，从一开始就是失败的。

人们用冻僵的手指，笨拙地刷着自己口腔里难以到达的位置，就是为了看牙医的一瞬间。因为除了他，没有人知道牙齿之间的距离。我知道的是，就算牙齿再清洁，在他的放大镜下也难逃厄运。他会用他的工具在某处发现一个牙龈肿处，从里面拉出一根菠萝纤维、残留的烤杏仁，或者无法消化的肉丝，然后胜利般地展示给你看，就像魔术师从帽子里变出来一只兔子一样。嘴里没有器械时我说不出任何理智的反驳，除了"我也不知道是谁把它们忘在了那儿"。

龋齿最让人讨厌！它引发的炎症是世界上最常见的炎症之一。几个小洞撕出了看病预算的一个大洞，而且我们每天都在刷牙！我们还买了那么贵的牙膏！一笔白白浪费的买卖，真正值钱的是机械清洁。当一小块饼干或者对细菌来说一样美味的薯条残留在牙齿后端时，腐蚀细菌会欢呼一晚。它们才不管牙齿前端是不是在晚上或者早上用牙膏刷过。

这听起来可能有些可笑，但是确实和我的牙膏有关系。我的牙齿很敏感，最近在一家药店买了一支牙膏，据说刚好能满足我的需要，适用于40岁以上人群。但是这支牙膏完全忽视了一个对我来说最重要的需求——它不能一直满足我的年龄。我不想每天把它放到嘴里。现在我每天都要经历三次中年危机，很棒，而且我不确定下次看牙医的时候会不会把它计算在内。

在看牙医的时候，我们经常听到很多医用拉丁文和模糊的数字，在别的医学领域都听不到。在他对助手口述诊断结果时，即使在病人的尖耳朵里听起来仍像是船沉的声音和念咒语的声音的混合。"okklusal"听起来很诡异，还有"palatinal"，人们猜测，这些词可能是专业术语中的最高境界了。荒谬！我怎么可能不知道，"okklusal"的意思是"放到咀嚼部位"，"palatinal"指"到上颚"。但是在那一刻我的整个脑袋是空的。

我试着在看牙医时集中注意力想一些美好的事情，但是从未成功。人们又不能看书，又听不到一些开心的事。在治疗时，用音乐缓解心情的尝试在听到电钻声音时就失败了，因为那些声音在耳朵里比披头士的声音还要清晰。

但是思想也不能完全摆脱身体，保持静默，多功能座椅让人动也不能动。我虽然会走路，但是从现在起我只能像个残疾人一样，每一个动作都要靠按椅子上的按钮实现。庆幸的一点是，我的身体不再真正灵活，而是在焦虑和僵硬中坚持着。我在躺着的时候，试着去放松，短暂地想，我已经放松了，直到我意识到我的腿还在空中轻轻摇晃。

亚里士多德早在几千年前就思考过牙齿的根源。他觉得自然的一切都是有意义的，因为自然让人们刚好在不需要牙齿的时候失去牙齿，最多用它们来吃草。这位哲学家对牙齿美容术了解不多。在今天，换一颗牙齿不再是速度的问题，而是钱包和保险的问题了，而且人造牙齿还可以根据生活节奏而变化，早上在嘴里放一颗汞合金牙齿，中午放金子做的，下午放嵌体，晚上放陶土做的。不过无论我们如何努力医治牙齿或者保护自己免受伤害，时间的牙齿终将腐蚀我们所有人，最后胜利的总是牙齿。

有一个充满永恒智慧的笑话：有一具骨骼去看牙医，牙医看了看他的嘴巴，说："牙齿很健康，但是牙龈……"唯一一样死亡损坏不掉的东西就是牙齿，虽然听起来有点不恭敬。因为它们的对手不是强大的死神，而是啃食牙齿的微小细菌。口腔里的细菌比消化道里的细菌更多。不管我们刷多少次牙，刷多久，那些小东西都会让我们一辈子不安生。

我小时候在萨尔茨卡默古特地区看到过"尸骨存放地"。因为地方不够，人们在葬礼过后几年会重新把遗骸挖出来，把头骨一个一个堆放起来，所有牙齿都保存完好。这个阴森恐怖的场景给我留下了深刻的印象。今天我才知道，钙和磷酸是造成牙疼的罪魁祸首，因为它们不会溶解。人体最坚硬的部分只能被酸腐蚀，这种酸由细菌在消化残余物质时产生。当我们断气的时候，牙齿终于能松口气，再也没有薯条、焦糖、芹菜，没有食物，没有生长，细菌的折磨终于停止。然后牙齿就能完好无损地保留上百年。这不公平，没有牙齿我们很难过，但是没有了我们牙齿却过得很好。

第一首神经生物学情歌

根据《鸟塬的摇篮曲》旋律配的词。

当我第一次看见你站在那儿,
隔着五米远的距离,
我清楚地感受到:
你是我的命中注定,
是我的幸运。
你永远不会明白我的感受,
下丘脑深处突然失去控制,
你的腰臀比例。
我在你身上发现了内啡肽,
这我必须承认——雌激素。
空气中弥漫着多巴胺、催产素、性欲。

你只要抬起手臂,

所有的药品,

都被砰然撞倒。

我看着你的眼睛,

你等待着,

现在必须知道,

发生什么了。

然后我说:

"来一份巨无霸套餐加可乐!"

右耳、泪腺、多任务处理者、金钱、汗水、闲聊、眼睛、长期关系

第四章

对理性和感性的爱

学会用右耳搭讪

怎样获取一个女人的芳心？男人总认为说一些自己厉害的事就能让人产生好感。错！好感是在人们表现出兴趣的时候产生的。最好的兴趣就是提问和倾听！聪明的男人总是知道，女人的性感区是在两耳之间。但是人们必须了解，左耳和右耳唤起情感的方式不同。

我们的左右大脑功能不同，这一点在所有函授大学的课上都讲过。仔细深究会很复杂，但是大致情况就是：左脑主要用于理解语言，右脑更倾向于韵律。因为大部分的神经都是左右交叉的，右耳对左脑的冲击更大，反之亦然。所以科学的建议是：冲着左耳悄悄说情话，这样它能到达右半脑的情感世界。在那里重要的不是内容，而是声音。不只温柔的话语，还有音乐般的旋律能在左边被更好地记录下来。

如果你只是想要讨一根香烟，不如直接对着右耳说。你的请求

会到达具有语言天赋的左半脑，这样被听到的可能性就更大。

这种关联是丹尼尔·马佐里和卢卡·托马西在研究意大利酒吧嘈杂气氛下的录音时发现的。他们观察了近300个酒吧光顾者，他们在这种气氛下聊天。大约四分之三的聊天都是冲对方右耳说的。这难道是偶然现象？然后他们派了一个女性诱饵过去。她接触了160个在酒吧狂欢的人，用几乎听不见的音量和他们说话，然后等着观察哪只耳朵能更好地理解她刚才说的话。58%的人倾向于左耳，48%的人倾向于右耳。如果只观察女人，那她们大多数喜欢右边。第三步，研究人员让酒吧里的人分别对着别人的右耳和左耳请求要一根烟，对着右耳的人明显能得到更多香烟。但是人们现在真的只是想借个火吗？

研究人员很自豪，因为"迄今仍没有关于日常行为条件下两半球不对称性的公开报道"。更不对称的是当男人试着用难以听清、无关紧要的低语接近一个女人时。不！仅靠这样的研究不足以探索女人的秘密，也不能初步分析她们两边耳朵的不同功能。舞厅里的女人在120分贝下还可以听到耳边的声音，甚至还能接上在酒吧另一端的两个朋友的话。这些事没有一个参与者意识到过。

泪腺的压力

男人和女人哭的方式不一样？为什么人们会哭？眼睛真的是灵魂的镜子吗？我们有时会号啕大哭，但是没有人知道，为什么只有人类会在离别的时候哭泣。切洋葱的时候不算，那是化学刺激引起的。有一次我试着在切洋葱的时候戴上潜水眼镜，尽管如此，眼眶还是湿了。眼泪学仍处于初期发展阶段。

虽然哭是天生的，但是不同文化里的孩子哭的次数也不一样。美国的孩子哭的次数比日本多，莱昂纳多哭的次数比寺院里的和尚多。每个德国人一生中平均会流 70 升的眼泪，足够一浴缸了。但是人们更喜欢用海盐作为浴盐。

另外，13 岁以前的男孩和女孩哭的频率几乎一样。成年男子每年哭 16 次到 17 次，女人哭的次数会比男人多 3 倍到 5 倍，同时每次哭的时间比男人平均多 3 分钟。这听起来有些不同，因为女人的哭泣在 65% 的情况下会逐渐变成抽泣，而男人只有 6% 的情况是

抽泣,所以女性的哭泣往往更加具有戏剧性。女人哭得最真,当她们遇到一些难以解决的矛盾时,当然还有回忆过去人生中的片段时。而男人相反,他们经常出于同情而哭泣,或者当自己的教育失败时。这也解释了为什么男人每年有 16 次到 17 次的哭泣。

著名的眼泪"净化"效果仍然备受争议。认为大哭一场能带来好东西的人错了。只有当哭泣的原因已经被遗忘后,人们才会在哭泣后好受一些。记住!哭泣是社会性的,在团队中哭的次数比一个人的时候多。因为它可以带来援助者和安慰者。人们更愿意帮助哭泣的女性,而非男性。现在的问题是,男人哭的次数少,究竟是因为他们是男人,还是他们早就知道,哭也带不来什么。

眼泪能透露你的感情,但是同时也隐藏了人们想看哪儿,不想看哪儿。这种凭借眼泪的"伪装"是典型的人类特征。

什么区分了人类和动物?在前几年,心理学家才明白了人类的特别之处,那就是眼睛里的眼白!猩猩的眼球不是白的。然后呢?正是这个不起眼的细节提供给我们深刻的交流价值的意义,我知道某人正在看哪个方向,就是通过眼白!你正在看什么?很难看出猴子刚才集中精力在看什么。但是人类的眼睛很容易被看穿,不仅是在你刚刚看上某人的时候。所以戴着深色太阳眼镜的人总给我们一种阴森森的感觉,因为通向他们灵魂的道路被封闭了。这些人想给人酷酷的感觉,而我们只感受到了冷漠。

共同朝一个方向看,对我们人类来说很重要。我们一旦断奶,

○ 爱情穿肠而过

就开始练习，通过盯着一个地方，好像那里有令人激动的事一样，可以引发一阵小骚动。几乎所有人都会好奇地抬起头，为了看看那里到底有些什么。猩猩也是这样？发展心理学教授迈克尔·托马塞洛测试过，一个测试者坐在猩猩面前，仅用头或者仅用眼睛往上看。猩猩的注意力只有在头部有明显运动时才会被吸引。一个1岁的孩子已经可以通过观察别人的眼睛来转移自己的视线。1岁的婴儿比27岁的猩猩的社交能力更强。

"协调合作的眼睛"让我们人类变得如此成功，如果某人的眼睛里看到了一个物体，那个物体不会停留在那个人的眼中，而是传递给了所有"尊敬"他的人，"尊敬"的意思是"往回看"。这是一个复杂的过程，这个过程必须至少有两个人参与。所以最糟糕的事是视而不见或者只用屁股来看。这是冷漠的，而且屁股上也没有长眼睛。有时耳朵会"看"，但是与这事无关。

孩子最喜欢说的话之一是"看"。当接触不到别人的目光，没有被尊敬或者只看到太阳眼镜时，孩子眼里就会充满泪水。所以我们很早就学会，用目光和眼泪来吸引别人的注意。在必要的时候，我们比鳄鱼更会操纵自己的泪腺。因为只要一展现自己精神的弱点，别人就不能再表现出任何身体上的强势，只要他有基本的礼貌。教养让人们不打哭的人和戴眼镜的人。戴隐形眼镜的人也包括在内吗？这还没有被验证过。在研究眼泪时，我们复杂的社会行为总是会带来一些惊喜。

人们也会因为笑而哭。为了保持眼角膜湿润,我们的泪腺位于上眼皮下面,笑的时候会牵动眼角肌肉,然后压迫泪腺。所以我最后的建议就是:请您大声笑,因为眼泪因笑都流走了,您就不能再哭了。

一心可以二用吗？

一个双耳被烫伤的男人来到急诊室，医生问他发生了什么事？

他说："我老婆不在，我试着一边安抚一个吵闹的孩子，一边和另一个孩子一起熨我用来面试的衬衫袖子。就在这时，电话响了，我把熨斗当作电话放在了耳边。"

"那另一只耳朵是怎么烫伤的？"

"我试着给您打电话！"

男人不喜欢听别人说他们不能同时做很多事情。他们会说，可以呀，你看我们在街上一边走，一边嚼口香糖。但是只要街边出现一个美女，大脑会马上短路。咔嚓！闯红灯了。女人一心二用就像睡觉那么简单，她们能更好地在同一时间完成多项任务。但是男人呢，他们只会一边睡觉一边打呼噜，或者抢被子。

但是当男人和女人处于同一种情形下，测试结果又会怎样？在一个驾驶模拟器里，受试者总是被持续的电话声分散注意力。同

时，他们要观察街上的动向，随时对出现的障碍做出反应。残酷的现实是，男人的刹车距离延长了好几倍。然后令人惊讶的是，女人也一样！所以这里根本没有相关的性别差异。

我最喜欢骑自行车或者坐火车，带着头盔骑车，带着时间缓冲器坐火车。最难的是当一个打电话的骑行者和一个打电话的开车者以及一个刚刚关上的铁路栅栏组合在一起时。我是有过这样经历的，我曾经因骑车时打电话而摔断了胳膊，当时还有一个超速的司机想冲过铁道路口。尽管电话很重要，但突然心血来潮，既不想在火车前也不想在汽车前停下来。因为我的大脑存储器容量已满，在几秒后我才醒悟过来。我试着把车停下来，却愚蠢地用手刹住了前车轮。于是我并没有用礼貌的话语结束这次电话，而是尖叫着从车把前翻了下去。从此之后，我只会在走路的时候打电话，并且都会把话说完整，只要路边没有美女。

我见过的最惊人的记忆力和注意力是在我当 *Think Theatre* 节目主持人时，我的朋友伯恩哈德·沃尔夫所拥有的，他是个会说倒话的人。他可以把一个人说的话倒着说出来。但是他还是要闭上眼睛，集中注意力去想。其实人们应该把他放到扫描仪上看看，因为他的特殊天赋已经颠覆了对一个正常人处理这样任务的能力的想象。为了测试一个人的精神状况，测试者让病人从 1000 开始减 7。

他们必须计算：993、986、979……您试一下，就算没有处理别的任务，根据精神病学中说的平均数据，您最多数到 700。当我们还是孩子的时候，喜欢在别人数数时喊别的数字。这时不数错数字非常难，但是对捣乱的人来说很有趣。

当我们被打断时，我们会努力抓住原来的线索。在处理多项任务时，大脑扫描表明：在我们口语中称之为"后脑"的地方，被短暂打断的事情可以在此暂时储存，这里其实是另一半的大脑。在一项研究中，受试者必须把单个字母拼成一个词，但是要从后往前拼，其中还放置了一些无关的字母用来混淆。人们躺在一个MRT管道里，这是为了让他们集中注意力，不想别的事情，实验还专门为不同的任务设置了不同的金钱奖励。不同金额的奖励被"转化"成了更活跃的大脑积极性。当受试者在做一个"廉价"的任务时会发现，可以通过更加"划算"的方法获得更多的注意力，我们可以直接观察到其大脑发生的活动：大脑的"决策者"，前额叶皮层，根据在哪边能获取更高的利益，会令活跃区域在两个半脑之间转换。我们的注意力是可以购买的，但不是可以无限分割的。

一旦我们同时做三件事，每一件事都不能有效完成，而且花的时间更长！这也在实验中得到了验证：如果除了单词拼写排序外再来一个新的任务，受试者只能通过猜来知道倒写单词的意思了。

如果我们的大脑硬件已经完全不能胜任同时做三件事情的话，这也许就是为什么我们总喜欢想非黑即白的事，所以我们才总是把世界分成两个极端，好的、坏的，对的、错的，有罪的、无罪的。脑袋是圆的，这样思维就能改变方向了？不可能。我的大脑有两

半,两半有我的大脑……请您试着哼唱"我的帽子有三个角"的旋律,一边用一只脚站着,然后大声读这本书。如果有人比另一个人做得好,这和性别无关,只和练习有关。这么做很有乐趣,包括对您的观众来说也是!

如果男人和女人都不是多任务处理者,这意味着什么?我们的傲慢会让我们付出代价。至少 10% 的司机在开车时一直打电话。有证据表明,他们会忽视周边一半的信息。美国政府估计,大约三分之一的事故都是源于开车时打电话。

但是考虑到科学的正确性,确实有所谓的多任务处理者,他们和我们不同,他们需要挑战。他们测试了大脑三项全能运动:在打电话时做数学,同时记别的东西,还要开车。平常人早就不能承受了,20% 的人在刹车时需要更多的时间,同时计算和记忆的能力明显减弱。然而超级工作者在同时做多件事时,记忆力更好,真的有这样的人,但是不到 3%。德国的交通问题在于,100% 的司机都自认为属于这 3%。在开车时千万不要读这本书,我正在骑车。如果您现在在路上的话,我推荐您学习纽约人的生活智慧:在过马路之前,不要看红绿灯,要看过往的汽车!

深呼吸,再深呼吸,在这种情况下,如果人们是雕像的话,静坐会容易得多。

金钱可以治愈疼痛

感觉被爱的人会觉得物质没有那么重要。同时,当男人身边女人很少,而且想向她们吹牛时,他们花的钱反而更多。爱情还是面包?钱和我们有怎样的关系?如果钱能让我们幸福的话,我们应该怎样利用钱呢?

两个大学生站在旧金山的十字路口。有一个学生向司机示意,他想过马路。另一个学生在隐蔽处观察车子的行为,确切地说是看司机的行为。看吧,通过车的种类可以预测司机的行为,开豪华汽车的司机表现得最不友好。在这项实验里无法推测的是,车是借的、买的还是继承的?我们已经看到了,在研究物质对我们行为的影响时,有很多方法上的问题。我的主张是,不是金钱,而是租豪车的虚荣心践踏了我们的性格。

也许挥霍浪费会影响人的收入?美国一项大型研究表明,女人赚钱比男人少。但是"强势"和"软弱"的男人之间收入差异更

大。在性格心理学上，人们把这种"软弱"叫作"容忍"。这些"好相处"的男孩，努力营造良好的人际关系，他们更乐于合作，更愿意帮助别人，因而更受欢迎，但是很难升职。

他们会是团队协调者，所以比那些"强硬派女人"拿的薪水更少。当男人拥有经常被抱怨的"情商"还有软实力时，钱让他们更加"狠绝"？是的。钱是真正的止痛药，它不仅让身体，更主要的是让精神上的疼痛变得麻木。一项研究表明，练习数钱的人，更能忍受疼痛，对社会倒退更"免疫"。当我们被别人拒绝或者只是被没收一个篮子时，我们都会感到难过。

研究者凯瑟琳·沃斯认为，男人在跟女人搭讪前，必须先数数口袋里的钱，因为这样才能表现得更加自信。亲爱的沃斯女士，为什么要在之前数呢？同时数！这让我想起了意大利男人，他们会笑呵呵地从口袋里掏出鼓鼓的钱包，为每个人的咖啡买单。请别人喝咖啡不会让他们难过，但是日常生活的其他开销，他们付的钱就少一些了。这难道只是偶然吗？如果信用卡刷太多的话，那么在每个国家，家庭的沮丧和债务问题都一样多。

我对沃斯女士的现代经济危机研究很感兴趣，因为这个研究涉及我们花的钱不仅仅是自己的钱！我们的财政部长一直努力通过刺激消费让我们的经济不受社会倒退的影响，这些钱不仅不是我们的，而且它们根本没有被印刷出来！

我曾经看过一部卡通图片，很多鸟蹲在不同高度的杆子上，最

○ 爱情穿肠而过

上面只有一只，下面有很多只，典型的金字塔等级制度。显然这些鸟已经坐了很久了，因为除了最上面的那只鸟，其他鸟的头上和羽毛上都落满了白色的鸟粪。卡通图片下面的注释写着：当老板从上往下看的时候，他只能看到屎。而当那些底下的人往上看时，他们只能看到屁眼。站在顶端的人很孤独。

还有一些有趣的实验结果：钱也让人孤独。想办法让受试者下意识地只想着钱，他们自然而然会变得不愿意帮助别人，同时也会更少地请求别人的帮助，即使他们需要帮助。另外他们也更容易决定在业余时间独自一人待着，而不是和别人一起。钱不会发臭，但是它能让人发臭。只想着钱的人，在身体上会远离他人。当他们找位置坐时，金钱组的人坐得离其他组的人很远。另一个令人激动的发现是，有钱人总是喜欢住在城市的边缘。还有一个有趣的发现：在一个和谐稳定，互相帮助的社会里，人们更愿意义务劳动或者在寺庙里帮忙，并放弃一些金钱上的奖励。

但是在讲太多社会浪漫主义之前，我奶奶总是认为："钱不能让人幸福，但是它能安慰人！"这句话一半是对的，因为钱能让人快乐！一开始人们的钱比较少，但是除了基本的生活需求，比如吃、住和其他社会开销之外也能有额外的一些钱。我敢说，每一个拿着这本书的人都属于世界上的有钱人。因为你们关心的不仅是生计问题，还有读书。但是您也应该想想，把钱花在什么地方是值得的，下面的幸福研究能提供一些具体的建议。

当人们把钱花在别人身上时，钱能让人幸福，宁可给心爱的人买一个比萨，也不要一个人享用牡蛎。这虽然听起来有些奇怪，却是真理：当钱离开的时候，它能让人最开心！虽然我们的父母认为，我们应该买一些值钱的东西，但是最值钱的东西莫过于回忆。在度假的时候认识新的朋友比买一辆名牌轿车带来的乐趣更多。比起股票，行动和回忆使我们的记忆力更能抵抗危机和通货膨胀。它们也会产生利息，而且放得越久，产生的利润越多。把您的钱放到相册里去吧，这才是纯粹的金子般的回忆！

也许钱不是玷污了性格，而是让人的本性显露了出来。有钱人都很自大，这话听起来是对的，但其实没有那么简单。让大学生去街上的社会学家研究了上百种不同的因素和情况，研究揭露了有钱人黑暗的一面，但是出版的只有其中六种，因为这很廉价。如果研究人们对于钱的心理的话，那么他们不应该被贿赂，更不应该被自己的偏见蒙蔽。

钱积极的一面鲜为人知。在实验室里人们使用游戏币，并且认为制造了几种不同的情况。我的电视首秀是在一个名为《皇家赌场》的节目上，这个节目显然已被完全遗忘。节目的初衷是把火花四射的游戏赌场搬到银幕上，但是它并没有火花四射。参与者太晚才意识到这有很大的区别：人们是否看到真人花真的钱，或者人们是否真的看到名人收集橡胶点数。

我们还在学习真实的和虚拟的钱是如何改变我们思维的。在

○ 爱情穿肠而过

eBay 上发生过一件令人震惊的事：一张价值 50 欧元的消费券被提高到了 62 欧元。我敢打赌，那人肯定在一段时间里觉得自己买到了便宜货。

所有我理解的对于经济危机、股票、金钱的心理是：如果有人说他知道如何理智地花钱，那么他一定什么都不懂。

有一个医生朋友透露给我，在心理治疗时，金钱也能表现出直接的功效，害怕蜘蛛的人在每次治疗时慢慢看蜘蛛的图片，然后接触橡胶蜘蛛，最后敢触摸真的蜘蛛。每次治疗花费 80 到 120 欧元。我的同事说："给那个害怕蜘蛛的人 50 欧元，他马上就敢碰蜘蛛了。"

代价是汗水！

您喜欢出汗吗？我有一次为了科学实验，拿了一颗生鸡蛋进桑拿屋。屋里的温度有95摄氏度，这个数字已经超过直角的大小了。要在那儿待多久？10分钟后鸡蛋熟了，但我没有，我整个人都不好了，湿漉漉的，但是还很灵活，为什么？

人和鸡蛋最主要的区别是，人可以高效出汗。没有什么东西像正在挥发的水一样能快速有效冷却。根据研究，为了保持温度，鸡蛋只能产生3.5毫升的汗水，但是它不能有效冷却，因为鸡蛋自己不能剥壳，它没有手。我们人类能够思考，归功于我们皮肤中的空调，因为我们的大脑只有在温度适宜的情况下才能思考。在温度高于平均温度3摄氏度时，大脑就罢工了。只有借助于冷却技术，人们才能在进化中发展成一个拥有高度思维能力的物种。

刨木头的时候会掉木屑，能量转换的时候会产生热量，这在别的领域也适用。大型计算机设备的主要问题是人们如何给它们一个恒温的工作环境，同时汽车也只有在冷却系统工作的时候才能启动。大脑会消耗我们身体20%的能量，它是精神上的持续加热器，肌肉在燃烧脂肪和碳水化合物的时候也会产生热量。如果没有出汗，我们在运动30分钟后，身体就能达到40摄氏度的高温，在这个温度下，我们已经开始产生幻觉昏昏欲睡，在42摄氏度时大脑就彻底停止运作了。有人说这在健身房里没什么特别的。好吧，在太阳直射几小时后，我们也开始在进化的阶梯上往下爬，朝着狒狒的方向往下爬。谁曾想过，创造力的皇冠应该给予汗腺。

那动物之王又如何？狮子大部分时间都是在阴凉处度过的，因为它们没有汗腺。当它从后方快速扑向羚羊时，它的身体会快速升温，接下来它被迫需要休息，在经过长时间冷却后才能继续猎食。

相反，我们能在阳光明媚的日子里，安静地坐在餐厅里，一边享受羊排，一边在电视上看男人如何大汗淋漓地追着球。在这90分钟的时间里，这些国家队的运动员代表大概会丢失5升水，有时甚至还会输掉比赛，没有汗水就没有成功。

狗伸着舌头出汗，猫竖着毛出汗，鱼不能出汗，所以决定永远不离开水，我们站在食物链的顶端，这绝不是一个偶然。没有汗腺进化，人们不可能发明止汗剂或者刮胡刀，好吧，没有动物需要刮胡子，虽然很多动物需要刮一下，上帝知道，裸鼹鼠不算在内，因为它的气味，我们实在是不想对它做过多的讨论。

我还是医学院学生时，曾在南非实习。在那里，有一位女士让

我印象深刻。她是一名护士,总是拿着一把水枪走来走去,不是为了逗乐小朋友,而是为了喷自己,因为她不能出汗。这种少见的自然现象叫作无汗症,她身上缺少汗腺。为了代替汗腺的作用,她只能让自己保持湿润,她这样做很搞笑。

"面包会发霉,那你会什么?"今天每个人都能骄傲地说:"我会出汗,保持一颗冷静的脑袋,所以应该怀着感激的心情。"让我们在今天晚上祈祷时加上感谢汗腺。汗是进化史上最酷的发明,世界上的其他动物都在嫉妒我们。

那些你没说过的闲话！

在一个聚会中，如果一个人想要确定是不是有人在讨论他，那么他只需要做一件事即可，就是不要到那群人那里去。不管男人还是女人，都喜欢在背后说人闲话。每个人都会说闲话，尽管每个人都很讨厌听闲话。只要有一群人聚在一起，他们就喜欢说那些不在场人的闲话。根据保守估计，成年人之间的对话有三分之二都是在说不在场人的闲话。

什么是闲话？什么是闲聊？什么是谣传？什么是有价值的内部消息？要准确定义这些是很困难的，因为看待的角度不一样。如果是别人说的，那就是诽谤，如果是我们自己说的，那就是信息交换。我感兴趣的是另外一些完全不一样的事，比如，谣言传闻背后有哪些力量在推动？为什么闲话对电话供应商、出版社和门户网站都是一个巨大的利益市场？为什么无线收音机比门廊里的收音机有更多的频道？那个之前还在别的部门工作的人爱打同事的小报告：谁和谁做了什么事。当然,他永远不可能知道,其实所有人也早就知道了关于他的事情。

尽管所有人都喜欢假装对这些闲话一点不感兴趣,但闲聊是人类社会的基础,是一种社会纽带,因为人与人之间的关系是建立在信任的基础上的,通过说闲话人们可以非常肯定地知道谁可以信任,谁不能信任。有用的信息是关系的保障,它让我们免受欺骗与迷惑。不过,通常那些擅长欺骗的人都会骗人说自己非常会保守秘密。于是大部分的"新鲜事"就这样被说出来了,意义非凡。

人类学家罗宾·邓巴提出了一个非常大胆的看法。他说:人类在形成的过程中希望能够以一种更有效的方式说闲话,这对人类语言的发展做出了决定性的贡献。如果你仔细听一群人说闲话,你就能感受到这个看法的正确性。

想要把一件事情最确定无疑地散播出去,就要用这样的一句话作为开始:这是一个秘密。说出这句话后,"成倍传播的机器"才会开始运转。

"你知道我听到什么了吗?"

"不知道啊!"

"你怎么也不会想到的。"

"说呀说呀!"

"我真不能说,这是秘密。"

"快说呀,我会守口如瓶的。"

"好吧，我说，就是那个女的……"

"我不信。"

"我之前也没想到呀！"

"我昨天还和她有说有笑的。"

"太可怕了，好难过啊！"

"要是你去别的地方说这件事，你可得换个新说法啊！我是不再相信她了。"

"你是什么时候知道的啊？"

"我当时也不知道。"

"好像是他已经听说了，但是啥也没做。"

"你说的和这个并不矛盾啊！"

"你可能不会相信，这只是传言。"

人类群居生活中最大的炸药在于，人们总是倾向于以自己的利益为先处理事情，而不是以道德为依据。另一方面我们都是社会的产物，总是互相依赖。人类必须激发信任感，但是同时也必须要注意，我们的信任感不应被滥用。

每个人都有一些怪癖，一些不光彩的事情和一些秘密，而这些没必要让其他人知道。保守秘密最好的办法就是和别人交换秘密。我和你说一些我的尴尬事，你也和我说一些你的尴尬事，这就是好朋友之间"无话不说"的道理。如果两个人手上互相都有一些让对方有压力的秘密，那么这两个人就会更想保持紧密的关系，不会把所有的事情都对外说，即使要说也是隐晦地说，或是对下一个最好的朋友说。

男人总是喜欢到处说他们的英雄事迹，从而让别人产生一种嫉妒和无聊的感觉。而女人喜欢谈论她们的油碗和做过的一些小错事，然后彼此之间产生一种亲近感，引起别人的兴趣。谈论尴尬的事情是一种建立信任感的手段。而我们做过的那些更糟糕、更严重的事情还可以留着去告解室说，去心理理疗师或者医生那里说，他们有义务保守病人的秘密。出于对自己名声的担心，人们会竭尽所能不让其他人知道自己曾去过牧师、心理医生或者泌尿科医生那里，更别说为什么去那里了。

一个没有闲言碎语的世界会是什么样子呢？会变得更好吗？可能不会吧！人们害怕因为自己不当的行为或者违反集体共同的价值而失去自己的好名声，想要避免由此产生的尴尬。只有在有名誉损毁罪这样的情况下，大部分人才会遵守规则。那些不相信这个道理的人肯定从来没有过群居生活，在群居生活中，人们必须保持一致，每个人都得注意，是不是所有的餐具都洗好了。

政治上也是这个道理。为什么即使是在最坏的情况下，国家也得遵守财政法律？默克尔妈妈生气的话会发生什么事情呢？她也不能把一个国家抛弃掉。然而与个人相比，国家具有一个优势，那就是国家不会因为共同的事情而丢脸，国家只能分等级。一个国家只有因为它完全不知羞耻才会导致名誉丧失。

回到一个集体上来。我们的社会行为习惯受到家族的影响，人们可以清楚知道自己和 150 个人之间的关系。在这样的群体里，只有当每个人都不坚持自我，而是互相协调合作时，我们的行为才有意义。这可以在大脑里得到验证。当我们做了好事的时候，我们的奖励系统会让我们感觉良好。

那做了坏事又会怎么样呢？苏黎世大学的工作小组让两个人在"最后通牒"游戏中回答了这个问题。给两人中的一人 100 欧元，但是这个拿到钱的人必须给另一个人一部分钱，具体给多少可以自行决定。如果另一个人接受了这部分钱，那么这两个人都可以保留各自所拥有的那部分钱。但戏剧化的一幕出现了：那个受赠的人没有收下钱。受赠的人要是不收钱的话，那么这两个人的钱都没有了。

纯粹从经济角度考虑的话，不管能拿多少钱，那个接受的人都应该满足，因为就算 5 欧元也比什么都没有强。奇怪的是，即使那个有 100 欧元的人拿出 25 欧元，还是有大部分人拒绝接受。他们可能在想：我一定要揭露他自私自利的面孔，我才不会让他达到目的呢！

惩罚吝啬鬼比接受那部分馈赠重要多了。我们真的很喜欢教训他人，就算是以后再也不会见面的人，哪怕自己的利益会因此受损。有句话说，人们总是会遇见两次同样的情况。这样的感觉深深印刻在我们身上。当无赖和自大狂受到谴责，那个粗暴的受益人肯定担心，不久之后所有人都会对他感到厌烦。没有人会不在乎别人的看法，只有心理变态的人才会不在乎。就连黑手党也希望别人说他们的好话。能进入一个接近中心的圈子简直就是一种谋杀,因为每个人手上都会有一些对其他人来说不好的东西,这些东西能增强这个集团成员之间的归属感。每个人都知道其他人的很多轶事,一个人乱说的时候会保证他以后再也不做这种事了,这不仅仅是名誉损毁的事了!

明确的规则会让集体取得成就。正如心理学家乔纳森·海特所证实的那样,从长远角度来说,与每个单独奋斗的个体相比,一个团结合作的集体会变得越来越强大,不管这是一个好的集体还是恶的集体。海特把人类比作利他主义的长颈鹿,就像长颈鹿进化出长长的脖子是为了生存,人类也发展出一系列道德规范来促使整个集体互相关照、互相帮助。对那些不付出就收获的人也不要客气,冲他们的胫骨踢一脚。

另一个举世闻名的研究闲言碎语的大学者是美国伯克利大学的社会学教授罗伯·威勒。他能够展示自私自利的行为在身体反应上有多明显。威勒让他的实验对象"无意"中听到另一个人(实际上是研究小组的一员)是怎样通过牺牲他人利益而致富的事情。那些听到他恶行的人心会怦怦跳,身体变得非常紧张。只有当他们把这件事告诉下一个受试者,并警告他不要相信这个骗子,他们才会平静下来。他们甚至愿意花钱去摆脱这个他们主观臆想出来的恶人的秘密。

对社会有用的警告和为了自己的利益而散播出去的谣言,这两者之间的界限在哪里?造谣诽谤者很有可能会因此获得一个坏的名声，通过这种方式会很快地无意义地摧毁他人名声，甚至威胁人类的存在。

流言蜚语就如同野火，蔓延得非常快，所到之处常常会变成一片焦土。流言之后会有法律来约束，其中最严重的一条就是：由于对被告人的指控证据不足，因此本庭宣判被告人无罪。就因为"证据不足"，所以人们就相信了。一个不可思议的故事。

谣言研究者发现，一个故事如果明显被夸大了，它的可信度就会降低。对谣言散播者来说也是一样的，不管什么菜都不能刚出锅就吃，否则就太烫了。一个新鲜出炉的谣言每被传播一次，它的爆炸性就会减少三分之一，然而这其中的恶意还是在那里。比起自己的感觉，我们更愿意去相信谣言，也许谣言就代表着所谓的"大多数人的智慧"吧！每个上过幼儿园的人都知道，在《沉默的邮箱》这部电影里，最后的结局和开头的故事几乎没有什么联系了。您自己也可以做个小测试。首先您先编一个匪夷所思的故事告诉别人，然后您就可以看看这个故事在经过几轮传播后会变成什么样子，您很快就会有一种感觉，认为这个故事可能真的是有些根据的。

它是狭窄的山峰，很容易使整个团队的污秽倾盆而下，尤其是在互联网时代，恶意的诽谤和谣言几乎不受限制地传播。即使某个人受到不实流言的中伤，这种流言也会被传得越来越离奇，因为与流言相比，真相是平淡无味的，而且这种流言还会一直被人们拿来回味。

就算是关于陌生人的谣言也会吸引我们去关注，这背后有什么诱

惑力呢？我们已经很熟悉威廉和凯特、鲍里斯和莉莉、斯蒂芬妮·希特尔和罗伯特·布兰科了。他们在某种程度上好像是我们的家人一样，就算不是真正的家人，至少也是同一个氏族。如果我们把那些印象深刻的人一一清点一遍，可能真的会数到 150 个。我们认为自己有权利去了解这些名人，看看他们最近过得怎么样。不过奇怪的是，我们给他们的事业奉献了很多良好的建议，可是没几个被采纳。

我不一样，我一点也不想知道明星们的生活，更别提我们的政治家们，以及那些普通家庭的生活细节。把他们私生活里的瑕疵、污点和失足堕落的地方暴露出来对我们的社会以及民主有什么意义呢？这样那些还算谨慎的人物就会比平时想得多，他们会想是不是要到有更大曝光度的领域，但是他们最终只会被媒体"扒光"，从而让人明白政治家也是有血有肉的普通人。越来越多的爱表现的人和自恋的人进入政治圈，人们还必须接受他们，否则没有人愿意进去。所以，这个圈子最后奇怪地形成了一种公开的趋势：不公开所有的事。

如果您不是理发师的话，那么这本书里的很多东西您都可以不看，也不用再担心这里面的形象，您宁愿自己变得有趣。就当试验一下，您今天说一些别人的好话，比如说斯蒂芬妮·希特尔真的非常好，令人喜欢。真的，这些我只对您说。我有没有说过这本书真的很配您的发型？难道没有人说过？

您永远都会是我最好的朋友，因为您知道得太多了。

容易受骗的眼睛

为什么人们也会把"爱上某人"说成"看上某人"呢？不管人们多么竭力地申明，内在的价值观才是最重要的。我们无法否认眼睛是我们感官里最容易受到影响，最易轻信的。英语中也有一种说法是 fall in love——陷入爱情，或者德语中的"爱情使人盲目"，或者更美的"只有用心看，才能看得真切"。至少在热恋期，这种盲目体现在情侣们的一些浪漫行为上，特别是当他们单独在一起的时候，或者在电影院里，他们都会闭上眼睛。我们想要用每个感官来享受和爱人在一起的时光。但万一我们的几个感官之间产生矛盾怎么办？此时大脑里会对各种信息进行一系列激烈的加工处理。

您最近一次眨眼是在什么时候？记不得了？您看，我们完全把眨眼睛给忽略了。我们的眼睛在一分钟内会开合十次。也就是说，我们的眼睛在睁开的时候有相当一段时间其实不是真的睁开的。假设足球比赛转播的时候一分钟内有十次黑屏，那您可能要对公共频道相当恼火了。为什么我们记不清看东西时发生的事情？尽管是出于我们自己的原因黑屏的。

记忆保存在我们的大脑里，而不是眼睛里。就好像在一个大型的机构里，所有报告递交上去的时候都会被美化一番，也就是说，在这种情况下，领导一般不会知道全部的事实。眼睛就像外勤人员，它们负责提供动态的图片，可惜的是每隔几秒钟这个接收站就会暂停一次。但是当大脑这个"领导"问："情况怎么样了？"它就会听到眼睛说："没问题，一切正常，我们一直在看着！"每次我们闭起一只眼睛，我们就会睁着一只眼睛骗自己。

我们的大脑不仅仅是一个屏幕，上面还放映着我们从外部获取的图片。大脑是一个非常复杂的处理器，它从外部传过来的图片上搜寻一切信息，然后创造一个对外部世界和谐的描述。如果眼睛在眨之前和眨之后看到的是类似的图片，那我们就没有理由感到疑惑和不安。如果我们几秒前看到桌子上立着一个瓶子，短暂眨眼之后，瓶子还在那里，那我们就会相信，这个瓶子一直在那里，即使是在我们看不清楚的时候。眼睛多么狡猾，不过也很天真。

小孩还会相信如果把手遮在眼前，在他自己什么都看不见的这段时间里，别人也不会看见他。但等到长大后，经验会告诉我们，就算一时没有看到，这个世界还是继续存在着。可是如果我们一直闭着眼睛，世界还会继续存在吗？这个问题就算是成年人也很难回答。应该还是会和以前一样吧！不过这又是另一个问题了。

○ 爱情穿肠而过

关于视觉是否很容易受骗这个问题，在所有的感官里，视觉器官表现得尤为自信。我们的感官帮助我们从周围的世界中找到意义。可是如果眼睛和耳朵提供的信息不一致呢？这时我们该相信哪个？相信眼睛！腹语表演者是最典型的例子。

理智告诉我们，他们手上的玩偶是不会说话的。耳朵报告说：这个人的喉咙里发出了声音，跟其他所有声音的来源一样。但是不管这个腹语表演者有多差劲，我们都不会关注他的嘴唇，而是看着他手中玩偶的嘴唇，只因为玩偶的嘴唇很清楚地在动。大脑里的"法官"可不瞎，尽管有点怀疑，但还是选择相信眼睛，以至于一个成年人会认为这个布娃娃是有生命的。真奇怪！您也不必再用其他方法检验了，电影院也是这个道理。

要判断在一段对话中，两个演员的声音是不是来自银幕中间的同一个扬声器，我们会左右定位每张嘴巴。耳朵听到声音，眼睛还要再看一下声音出自哪里。眼睛总要贯彻它的意志。在看图像和声音不同步的电影时，我们的大脑会闭上一只眼睛。我们看到英语的两个单词"fuck off"（滚开）的时候，脑子里看到的是德语字幕的翻译："快走开，离得越远越好，你这个无赖！"几个单词过后，演员的嘴巴已经闭上了，但无所谓，我们还是会陷入这个电影里。

尴尬紧急的情况下您也可以利用腹语效应。如果您站在一大群人中间，肚子突然叫起来了，所有人都听到了声音，但是不确定是谁发出这个声音，当然您肯定知道是自己的肚子在叫。这时候您要

保持冷静，然后把眼光转向您旁边的一个人，这样您就可以把自己肚子里发出的声音推到这个人身上了。但此方法只能在紧急的情况下使用！

对长期关系的歌颂

应很多观众的要求,在这里放上舞台剧《你今晚看起来的样子》(*Just the way you look tonight*)的歌词:

我在你旁边醒着,

你心情不太好,

这没有让我惊讶,

我认识你不是一天两天。

我喜欢你,

你这个悲观主义者。

否则我会想念你,

否则你对我来说,

并不是不可抗拒的,

每一天都那么倔强。

我喜欢的是你身上的
  持久稳定,
  消逝的热情,
 我们的痛苦还存在。

我喜欢你生气的样子,
 我早就想偷偷溜走,
如果你不是那么不堪忍受的话。
  重要的是,
  你在我身边。

  我喜欢你,
  你总是有道理。
 世界确实很糟糕,
  所以我希望,
 你做你自己就好。

啤酒、食物和性爱、奶酪薯片、尼古丁、酒精

第五章

对食物和
饮料的爱

神奇的酒精

"如果把一个爱尔兰人和一个德国人的基因混杂之后,会得到什么呢?一个酩酊大醉到无法遵守命令的人!"

酒精是我们文化的一部分。到目前为止,酒精甚至可以说是文化的基础。严肃的人类学家说:人类发展最重要的动机是安居乐业,乐业乐的不是谷物,而是谷物制成的烧酒!有证据表明,大麦是人类最早耕种的粮食作物之一。纯大麦很难被消化,这一点人们现在可以用绿色食品专卖店的产品进行验证,想要好好消化大麦,除非人们从中酿造出什么东西!

人们想长久安顿下来,是因为不想再站着了。啤酒存在的最古老的证据来源于近东。8000年前,啤酒在美索不达米亚就已经是日常饮料了。在中欧直到近代,酒精的消耗量都比现在还要多。例如,人们估计科隆人在15世纪时每人每年就消耗200升到300升啤酒!在当时,啤酒甚至可以给孩子们饮用,啤酒可以使孩子安静

下来，虽然含有卡路里，但与当时不干净的饮用水相比，啤酒还是安全卫生的。后来，情况发生了变化，现在我们有了饮用水，甚至还有不含酒精的啤酒。

尽管现在流行全球化和标准化，但是每个国家都有自己的饮酒文化。一项大型研究试图找出不同国家的生活方式和典型死亡原因的关联。人们把贝尔法斯特和法国三个城市的饮酒习惯进行了具体比较。著名的《英国医学杂志》上恰好写着对法国生活方式的称赞！这比爱尔兰的生活方式要健康。

在盎格鲁－撒克逊民族中，啤酒和烧酒都受到偏爱，人们喜欢下班后和周末时喝酒，然后就喝多了。在法国，每顿饭都会配上一杯红酒，作为必吃的饮食或者必不可少的醉意。尽管近年来在法国和德国，年轻人宿醉已经成了一个严重的问题，但是人们很少在法国看到酩酊大醉的人。不断喝酒直至昏迷会付出高昂的代价，尽管北爱尔兰人比法国人喝酒喝得少，但他们死于心脏病发作的人数是法国的两到三倍。很显然，心脏的承受度不仅仅和饮酒的量有关，也和灌酒的速度有关。因为在贝尔法斯特，每十个成年人就有一个饮酒过度，这样，每一瓶吉尼斯酒都可以记入同名的吉尼斯纪录。在法国，只有百分之一这样的痛饮者，他们被翻译成"跌跤—喝酒者"。顺带说一句，酒精引起的最常见的死亡原因根本不是肝部损伤，而是脑部损伤，主要是由于不小心从台阶上摔下去或者其他原因摔倒引起的。

○ 爱情穿肠而过

伟大的国家——人们没有因为自己的红酒和鹅肝这样的饮食之罪而受到真正的惩罚，这已经成为"法国悖论"。但自相矛盾的是，人们没有动机去考虑这些没有意义和违背享受至上的指导方针。虽然过量的酒精会变成毒药，但重要的是分享。德国人在酒精这一物资上属于欧洲的援助国，准确来讲，是自给自足的国家。德国的人均消耗量禁止"人均"这样的表达。聪明的人喝酒会适量？那为什么德国还是世界上最胖的民族之一呢？葡萄酒比啤酒更健康吗？为什么人们总是说"啤酒肚"而不是"葡萄酒肚"呢？

可以确定的是，啤酒中含有卡路里，但是啤酒比同量的苹果汁或者牛奶含有的卡路里要少。超重不应只归咎于这个液体，人们喝酒时吃的薯片配猪肘也有责任，而啤酒只是开了胃。喝酒太多的人，容易患肝硬化，静脉血会积聚起来并且将液体压入腹腔。因此在啤酒肚中咕咕作响的不是啤酒而是"腹水"。一切并不美好。

少量饮酒有益健康，但是饮酒过度的人太多了，所以我们看到有人手上拿着酒，就会无意识地对他们怀有偏见。研究显示：手上拿着一瓶酒并且被别人看到的人，就会被认为是自己喝了整瓶酒。就连给受试者展示一瓶酒的图片，然后让他们评估某个人的智力，他们都会认为这个人更愚蠢一些，仅仅是因为这个人被无意之中和酒精联系到了一起。因此研究者建议，在参加聚会时不要点红酒，即使红酒会显得很有品位，但喝水会使人显得更聪明。

疯狂的是，酒是唯一被证明具有长寿功效的饮料。这次科学家没有用动物做实验！因为有足够的人愿意做实验对象。甚至还有证据表明，少量饮酒还可以防止智力退化。我们从研究结果中能学到什么呢？学习享受！和朋友一起，最好持续地享受这种失控和激烈的感觉。为什么就算酒精是耶稣用神迹创造的，仍在西方基督教国家受到谴责呢？耶稣终于把水变成了酒，并且无法逆转。主也可以把水变成苹果汁的，或者是其他健康饮料，但是那时候的醉意是为了庆祝。身体的奇迹在于每次都能把酒再变成水。干杯！

性爱和食物

吃饭和性爱是人类的原始本能，但奇怪的是对男性和女性的影响却如此不同，以至于两性之间很少达成共识。关于希腊哲学家第欧根尼有段故事，他有一次在市场上手淫，并且对此很满意，说道："这是多么美妙啊，人们可以通过对腹部的摩擦赶走饥饿！"不同欲望的关键在于，一个普通的男人想要和很多女人做爱，但这些女人中的大部分人不愿意和他做爱，他的妻子开始也不愿意。但是如果去吃饭呢？

心理学家罗伊·鲍梅斯特私下里观察不同的男女组合长达一年。他们对两个话题表现了巨大的性别差异：吃饭和性爱。女性关于吃饭的聊天包含很多细节。一些女性生动地描述一顿美食或者一种美味的饭后甜点，其他女性向往地听着，让这种幸福在她们的想象中延续。

相反，男人只是简短地交流哪里有最好吃的咖喱香肠而已。当

他们谈论去饭店吃饭时，通常谈论的是服务。如果聊到了最好的菜谱，那就很少会谈论如何拌沙拉。这一切听起来都很笼统，但就是这么回事儿：对女人来讲，爱情是穿肠而过，对男人来讲，爱走得更往下一些。

男人喜欢长久而宽泛地谈论身体曲线和征服，十分详细且口无遮拦。您觉得这很原始？就连受过教育的人也会这样做。我有次作为边缘人士参加了一个专业会议，是关于科学家如何不受限制地推测，将要做报告的女性在床上是什么样子。真的是专业——简单！女人有时候也会说脏话，但主要是在美国而不是欧洲。当她们邪恶地说到"罪恶"时，经常是指蛋糕上的奶油。

心理学家一致的结论是：当女人考虑到以食物类比，或许可以更容易理解男人在一夫一妻制下面对的困难，一夫一妻制的婚姻对男人来讲，就像是他要在剩余人生中的每一天都吃他最喜欢的那道菜。人们理所当然希望时不时换点其他不错的菜肴。

人们需要多少卡路里和性爱，才会感到幸福呢？女人和男人一样，总是感觉幸福太短暂了，无论是源于卡路里还是性炸弹。为什么？我们不需要真的走向别人的桌子或者钻到被子底下就可以进行比较。所有关于这个问题的问卷调查都是谎言。因为男人被问的时候总是喜欢吹牛，而女人则不喜欢承认。比承认更令她们不舒服的是增重。如果人们真的什么也不吃的话，那是不会增重的，事实如此。但是使我们不幸福的是感觉到了约束自己的必要性，又认为别人可以无拘无束地释放他们的欲望——这不是事实。

我们的幸福系统是一台一直活跃的搜索器，并且总是产生可以使我们更幸福的疯狂假设，就像我们觉得篱笆另外一边的草坪更绿，我们自然而然觉得我们的邻居比身边的家伙更有魅力。不要让这种和别人在一起的生活会怎么样的念头永远折磨自己，人们应该把这个场景永远留在想象中。我们在篱笆的另外一边最多待两年，就会再次觉得自己之前的伴侣令人心驰神往，所以人们也可以待在自己刚刚待的地方，这样可以省下很多争吵和花费。

有没有一个幸福配方，可以使一起烤土豆的家庭成员关系更加紧密并且保持温度呢？穿着围裙烤？放更多的塔巴斯科调料？可以不嫉妒？我也不知道。为了和科隆巴斯塔无伴奏合唱团有共同话题，可以说："人们对性爱的评价过高了，劳克也是。"

基本上我们可以感到很高兴，人类在桌子和床之间的冲突不像螳螂那么从始至终非常一致。公螳螂可以在吃饭时离母螳螂更近一些，从后面。但是只要一满足公螳螂的生理需要，母螳螂就会转过去把它吃光。首先是头，这家伙还没来得及回想刚才的性爱是多么独特，就会成为腹中餐了。饭后甜点代替后戏，有哪个生物学家会在提名时想到母螳螂虔诚的面孔呢？简而言之，当您的夫人只是说："亲爱的，我想吃了你。"请您作为男人一定要保持感恩。

坚强意志和奶酪薯片

《想象》是约翰·列侬最伟大的歌曲之一,"你可能会说,我只是在做梦。但我不是唯一一个"。这首旋律缓慢略带伤感的音乐说服了很多人至少去想象一个更美好的世界。谁知道卡内基·梅隆大学的科学家们在设计他们的研究时,是不是也想到了这首歌?有个小小的区别是,受试者不用想象一个更美好的世界,而是想象玛氏巧克力豆。老实说,对我而言结果是一样的,比起一个用巧克力裹花生的世界,我更容易习惯一个没有国界、没有宗教和填空的世界。在明亮的地方,我总是会买小包装。如果不是为了可以在黑暗中吃掉大桶垃圾食品,还要电影院做什么呢?在电影院里,我可以在电影正片开始前就毫不费力地吃完一千克垃圾食品。我现在一想到这个,就开始流口水了。

正如《科学》杂志中发表的研究中所说,科学不是从自己推断出其他人怎样,而是从很多其他人推断出自己怎么样。按顺序,凯里·莫尔维奇、胡英恩和尤阿希姆·沃斯劳格这三位科学家做了一系列实验,来验证"画饼充饥"是否真的有效。他们想要检测,在人们一直想象某种特殊的场景并且口水直流之后,会发生什么事情。人们会更有胃口还是更没胃口了呢?

受试者必须想象自己一粒一粒吃下33粒玛氏巧克力豆,但只是想象而已。对照组则要想象一些不同的事情,他们要想象往投币洗衣机里投33枚硬币。之所以想象投硬币,大概是人们想不出更无聊的事了。投币也必须一枚接着一枚地投。

紧接着,两组人都能得到一碗真的玛氏巧克力豆,他们可以想吃多少就吃多少。结果想象吃巧克力的人吃的巧克力豆比想象洗衣机投币的人要少一半。是什么引起了这样的反应呢?那么只想象吃饭就够了吗?在另外一个实验中,参与者不是想象把巧克力豆放入口中,而是把巧克力豆从一个碗里放入另一个碗里。这仅仅是一个丢巧克力豆的游戏,受试者不用想象吞咽巧克力豆,这样可以提高他们对真实食物的兴趣。只要真实的巧克力碗放在受试者面前,他们立刻就会狼吞虎咽。

如果换成不甜的食物也会这样吗?换成奶酪块的效果是一样的。如果已经想象自己吞了33块奶酪进肚,到了真吃奶酪时就会吃得更少。如果奶酪组受试者面前放的不是奶酪而是巧克力,我们就可以发现,饱腹感是不能传递的。受试者对巧克力的胃口不会减少。奶酪能让胃满足,却无法使人停嘴,特别是再吃些甜食

的时候。反之，想象吃巧克力也不会让人少吃奶酪。这种想象练习不会让人真的吃饱，只是对真实的食物不再那么好奇，毕竟那已不是新的食物了。可惜研究并没有讲受试者在第二天晚上做梦梦到了什么。我猜想，一定是一台让人不停往里面塞奶酪和巧克力的洗衣机。

这种想法很有革命性，人们想吃什么东西了，可以尽管想象，直到这个东西失去魅力，而不要强迫自己不再去想这个东西。这种现象叫作习惯，通常人们总会习惯一切。这种习惯是从大脑研究者经常使用的动物——海蛞蝓（海兔）身上发现的，一有人触碰它们，它们就用蜗牛般的速度蜷缩起来，过一段时间才敢再次伸展身体。如果再碰它们一次，它们会再次收缩，只是已经没有太大的活力了。如果人们碰了它们33次，那么之前它们还感兴趣的训练就失去魅力了，它们再也不愿意被打扰了。习惯就是习得的无聊。

习惯对人类而言相当重要，特别是在吃饭的时候。如果您不知道我在想什么，那您一定要去餐厅、敬老院或者医院，并且仔细观察那里的人，他们在吃饭时会非常无聊地剔牙。食堂里统一提供的粥只是用来饱腹的，每天都吃大锅饭的人是不可能吃撑的。"丰盛"是一个有魔法的词汇，可以使吃饭变得有趣，使我们能够坚持吃下去。由于上述原因，我们在邀请客人时就要多准备几道菜，这些菜肴要在色香味上各有不同。晚餐是现代文明对习惯的挑战！但是人们也已经习惯了这样的挑战。就连龙虾都有可能让人觉得无聊或者

○ 爱情穿肠而过

是有饱腹感。我们的神经系统总是忽略学习曲线，第一口往往都是最好吃的，就算爬完山之后喝的第一口水都比第三十三口水要美味。

当我们吃薯片时，袋子里只剩一些味道无奇的薯片了，为什么我们还停不下来呢？为什么我们会心不在焉地往嘴里塞薯片，直到一片不剩呢？我想起我在葡萄牙参加语言班时的情景了，在我的寄宿家庭里，每到中午都会用薯片来代替炸土豆片，薯片不是放在袋子里，而是放在盘子上。尽管薯片也是炸土豆的一种，这也让我觉得很奇怪。这样吃，我反而吃得很少！如果您想减肥，您可以试试这个方法是否奏效。您可以把薯片放到一个陶瓷盘中，隆重地用刀叉吃掉每一片！

袋装薯片实在是太可恶了，因为人们总觉得吃一片薯片不会发胖。这种想法很荒谬，和"就吃最后一片"或者"吃完三片就不吃了"的想法一样。营养心理学家为了进行研究，在一些薯片上涂了红色食用色素，并且将涂了色素的薯片放入薯片堆中，这样每十片薯片都有一个明显的记号。受试者因为忽然意识到自己已经狼吞虎咽了很多薯片，所以只吃了平时的一半。

这一切都和太饿或者太饱没有关系。人们经常只是为了对抗空虚才吃东西，但结果只是得到一个空的包装袋，然后感觉就变得更糟糕，会为了吃出来的脂肪而内疚。只有当食物进入肠道，并且随着血液到达大脑，大脑发出信号：饱了，人的身体才会出现饱腹感。众所周知，当肠道的信号到达脑部时便已经太晚了，已经来不及停

·188·

止吃东西了。身体发出饥饿和吃饱的信号方式是不同的，从进化的角度来看也是有意义的。以前找食物才能决定我们的生存，现在是把食物藏起来才能决定我们的生存。

因此，我们用自己的大脑欺骗自己的身体这个主意非常令人振奋。但是人们早就知道，越是紧缺的食物就越有吸引力。如果罐子里只剩下两块饼干，受试者会觉得这两块比之前的要好吃，但是这些饼干和之前的饼干是一样的。晚上在迪斯科舞厅里，人们就会根据饼干理论看待先走的人。他们很显然会想：如果我们两个人留到最后，那么诱惑就会自然而然地出现。其实理论和实际并不一样。

如果"画饼充饥"的研究者说得对，那么亲爱的读者，您可以把减肥书扔掉了。您只需看烹饪和烘焙的书就可以了，最好是有大量图片以及沾满黄油的书。但是请勿翻阅，而是每天看同一页33遍！然后您仔细想象您做好饭再将饭放到舌尖的感觉。理论上，您就会咽着口水，想着牙医，然后失去胃口。

我每次和别人一起吃饭的时候，都有人能让我讨厌某一样吃的，这就是减肥书唯一的成就。人们不再沉迷于面包上的黄油、咖啡里的糖或者是汤里的盐了。往好处想想！针对每个现象总会出现第一本指出科学家错在什么地方的书。先是血型，然后是苹果和梨，或者"睡觉能减肥"，虽然睡觉确实能减肥，但是人们无法像熊一样冬眠。如果您看到《什么都能吃的节食法》上面印的小字，就会发现上面写着："您什么都可以吃，但是不能咽下去。"总是会有些不对的地方！最难节食的四个时期是什么时候呢？春天、夏天、秋天和冬天。

龚特·弗兰克医生和他那些越来越多的具有批判性思维的同事认为，不是我们吃的东西而是我们吃的方式使我们发胖的！有些人有压力的时候会变瘦，但是大部分人有压力的时候会发胖。因为恐惧的荷尔蒙可以聚集然后存储两倍的能量。出于内疚而想减肥的人，是不会有效果的，结果会恰恰相反。解决的方法是，培养对食物的兴趣，把对身体好的食物当成美食，不用管节食和那些理论家说了些什么。如果您悲伤时吃的五花肉使您腹壁紧张的话，那么放松疗法比干奶酪要有效！克里特岛的人如此健康长寿，很有可能不是因为餐桌上的橄榄，而是因为和伙伴一起吃饭的习俗。伙伴的字面意思是"一起和我分享面包的人"。当我和朋友一起闲坐，我们尽情地欢笑和品味食物时，我会因为美食和生命都如此美好，便不在乎碳水化合物了。

在德国，越来越多的人都是独自吃饭，也因此越来越重。我们要重新思考一下时间的问题。如果经过三十年的"营养咨询"，所有人都变胖了，没有一个人能成功去掉自己的赘肉，那么保罗·瓦茨拉维克伟大的建议应该是有可取之处的：如果一个方法不管用，那就试试别的。

"我思故我饱？"这个想法令我如此着迷，于是我给一位研究者写了封信，他给我讲述了一些未公开的后续测试，也就是真正的

饥饿对习惯效应没有任何影响。可怜的受试者要在吃早餐之前就开始想象奶酪块，尽管他们真的很饿，但是他们比之前吃过早饭的人更容易失去对奶酪的兴趣，这简直是疯了。在读这位研究者回信时我才明白，在他发表第一个研究结果时，为什么我们没有通过想象而变得苗条？在想象中狼吞虎咽后，我们对想象中那类佳肴的兴趣没有消失，反而增加了！想象奶酪块的人虽然奶酪吃得不多，但是吃了更多的葡萄。受试者会向代替物猛扑过去。只是想想开胃菜并不会让人失去食欲。

这让人想起电热毯销售商的智慧：天下没有免费的午餐。天下没有免费的饭，人们不是直接结账就是有隐性消费。开始的时候，用想象来减肥这个想法看起来是如此诱人，但是我们没法那么容易地通过大脑中的奖励机制。理智还是薯片？我们坚持不懈地用某样东西来对抗土豆淀粉是不太可能的。罗伊·鲍梅斯特这样的心理学家研究证明了，意志力不像肌肉那样可以通过锻炼来增强。意志力是一种有限的资源，人们每努力一次就要用掉一些。如果鸡毛蒜皮的小事就可以损害意志力，那么对巨大的诱惑来讲，损害意志力更是轻而易举。

根据我的经验，如果想晚上不吃薯片，白天不要买薯片是最好的方法。因为开封的包装是极具诱惑力的，但是当我家里没有薯片时，我也不会想着去吃薯片，就算我想吃垃圾食品，我肚子里的懒虫总是能把我拦住，我从未为了买薯片而走到自家门口，更别说是

○ 爱情穿肠而过

为了薯片开车到加油站加油了。这是用一个缺点克服另一个缺点的成功案例。

据我观察，这和在聚会上抽烟的人一样，他们很少自己出门抽烟，但一旦有人一起去抽烟，那他们就会比原来打算的抽得多。那其他的乐趣呢？当我们想象"某样东西"33遍，我们的欲望是会增强还是减弱呢？到目前为止，还没有人系统地研究过，但是研究者承认，这样的研究会非常令人振奋。来自不同宗教和文化的人给出的答案不一样，但他们都是在资源短缺而不是在资源过剩的时候祈祷。

奶酪研究并不是让人们"不要去想""不要受诱惑"，也不是"把你周围所有的奶酪都拿来盖住自己"。就算自己有很多机会来实现愿望，但是反复想象实现愿望的感觉也会减少人们的行动。所以不要指责男人不怎么想到性，有可能是因为现在性暗示太多，导致整个社会的性行为减少了。当我们点一下鼠标就可以让一切想象呈现在电脑屏幕上，甚至连隔壁卧室里即将发生的事情也变得暗淡无光了，这意味着什么呢？以前有种稍微粗俗一些的说法：可以在外面激起食欲，但是要在家里吃饭。如果在家里的电脑室里并没有激起食欲，而是失去了食欲，结果会怎么样？厨房中就只有清锅冷灶，卧室也只有冷冰冰的床。一个不再美好的世界。

等一下，我们还没有灭绝，再来一个奶酪块！

成为不吸烟的人

"你有火吗?"数百年来,这句搭讪的话经久不衰。人们简直无法想象,在没有火之前,人类是怎么认识彼此的。没有火? 如今德国吸烟的人数逐渐减少了,人们现在搭讪应该说什么? "你有兴趣和一个不吸烟的人聊天吗?"这听起来相当奇怪。作为一个绅士,如果有人问我借火,我会设法给他弄到火。但是作为医生,我会设法做得更多,也就是建议他戒烟。在医学上,没有什么手术、药物或者方法能像戒烟这样,带给人更长久的健康寿命。更健康的是,不要开始吸烟。

戒烟不仅有益于自身寿命,也有利于两性关系! 在综合分析各因素之后可以发现,吸烟是加速分手的主要因素,并且排名遥遥领先。在恋爱关系中,如果一方吸烟,另一方不吸烟,这比两人都不吸烟的恋爱关系更容易破裂,而且概率是其两倍。令人惊讶的是,如果两个人都吸烟的话,那么分手率还要再高 2% 左右。没人知道这是为什么。原因有可能是两个人同时在家里吸烟,容易看不到对

○ 爱情穿肠而过

方吧。

以前吸烟是一件很酷的事情,但是吸烟者的自我形象其实是深受其害的。曾经的"英雄"现在已经被人们当作性格软弱的人了。这点人们在社会生活中就能看出来,吸烟的人每次都要行色匆匆地为吸烟道歉。吸烟的人总是要解释一下自己为什么吸烟,但是喝酒恰恰相反,不喝酒的人才不得不解释一番,并且会有以前给酒精掺过水(Ex-Alki)或者是怀孕的嫌疑。如果大家都想知道这个人为什么不喝酒,那么最好的回答是"出于宗教信仰"。这样就没人敢再继续问下去了。大部分吸烟的人都喜欢喝酒,喜欢喝酒的人也都喜欢抽烟。至于他们还有没有其他恶习,我就不知道了。我只知道有这样一句谚语:停止吸烟的人一定会开始谈论性爱。

对于那些仍想要戒烟的人来说有个好的科学消息:体育可以使人减少对尼古丁的需要。只需要十五分钟的自行车训练就可以明显减少对香烟的渴望。但是请注意,在电视上看十五分钟环法自行车联赛是没有效果的!就像我在《爱不单行》中所描述的那样,我们大脑中不同的荷尔蒙和奖励机制都在争夺对我们行动的掌控权。因此,我们经常遵循荒谬的内部逻辑,而不是听从理性。我最喜欢的例子是:香烟并不能使尼古丁上瘾者放松,而是通过痛苦使其减少焦躁,也就是戒断综合征①的原理,吸烟的人在抽完一支烟后才能

---

① 指停用或减少精神活性物质的使用后所致的综合征。

得到片刻安宁，而这种安宁是不吸烟的人一整天都可以感觉到的。

调剂性运动可以很好地平衡奖励性荷尔蒙、多巴胺消失之后的失落感。运动还可以帮助戒烟的人保持体重，避免发胖，除非他们改用巧克力棒。害怕发胖是很多人继续抽烟的重要理由，但是这简直是一派胡言，因为大部分人在戒烟之后体重稍微增加，但是之后体重会一直和抽烟之前一样。增加的体重和戒烟没有任何关系，而是因为不吸烟的人在四十岁的时候也比二十岁时要重得多。尼古丁确实可以抑制饥饿感，因此人们不应该拿自己刚开始吸烟时的体重进行比较，而是拿如果没吸烟的话可能达到的体重来比较。停止吸烟的人只是会达到他这个年龄段正常的体重而已。虽然在短期内感觉有些戏剧化，但是如果观察戒烟者十年以上，可以发现这些人并不会变得更胖。那些误解体重数据然后重新吸烟的人，烦请您来接着讲下去！

大部分吸烟的人是想戒烟的，因此一点点动力和理性而不是内疚会带来的一切好处，应该像吸烟那样广泛而迅速地传播开来。当我和一个抽烟的人一起坐在阳台上时，他吐出的烟圈就像知道自己在哪里最令人不爽一样，基本上全跑到不吸烟的人身上去了。然后抽烟的人会一直礼貌性地在点烟之前征求大家的同意，快速用手弹掉烟头，将最后一口烟气向地面吐成一个拳头的形状，就好像这样可以影响到有害物质的传播一样，这时我总是微微一笑。

我总是会为吸烟的人感到难过，因为戒掉某样习惯就会有一种受损失而且不安全的感觉，完全不会有期待的感觉。从"不吸烟的人"这个词开始，人们就已经感觉开始失去了！戒烟不是一个积极的目标，而是一种剥夺。听起来就好像人们再也不能成为烟民了一样，他们内心其实是拒绝的，成为不吸烟的人感觉就像成为不会游泳的人一样。

如果人们想要改变某些习惯，那么仅仅反对这个习惯是不够的，最好是给自己设定一个积极的目标。"反对"在实际上是没什么效果的，要给自己设定"一周骑两次自行车"这样具体的目标，不要给自己设定"减肥"这样抽象的目标。人们在手舞足蹈地骑自行车时是肯定不会抽烟的，那么之后就自然而然少抽了。比点燃香烟更好的是燃烧卡路里，也就是让自己过度劳累，直到戒掉坏习惯。不要只有雄心壮志，而应该有计划地行动。

戒烟最好的理由是爱。如果有人对你说：我想和你一起慢慢变老！那么这个愿望里也包含了一种警告，你要好好为自己变老而负责！另外一个戒烟的强有力的理由是怀孕。当女人意识到自己心脏下面的孩子在胎动时，她们也会开始通过运动来呼吸新鲜空气，这样孩子也能呼吸到新鲜空气，这种情况下人们无法推脱。顺便说一下，最好的方法是在怀孕之前就戒烟，首先是因为戒烟后更容易怀孕，其次是因为在母亲意识到自己怀孕之前会发生很多事情。尽管新生儿在羊水中还无法呼吸，孕期吸烟仍然会损害新生儿的肺功能，也会增加突发性流产以及新生儿过敏和脑损伤的风险。如果孕妇已经戒烟了，那么可以通过每天摄入500毫克维生素C来减轻一些有害影响。我在新生儿站看到有一些早产儿一直瑟瑟发抖并且胆小如鼠，就是因为产妇怀孕后戒了尼古丁。早产儿已经习惯了这种羊水水位，而且这么长时间以来也不了解其他东西。这些小身体要习惯无毒的生活通常总要花费几天。

以前的广告中常常会出现一些牛仔在落日下策马奔腾的样子，当然手里拿着烟。人们看不到的是，半个钟头之后到底发生了什么？太阳下山了，在一望无际的大草原上，牛仔冻得瑟瑟发抖，并且希望自己此时此刻可以坐在酒馆里喝上一杯甘菊茶。人们意识到扮酷的代价时显然已经太晚了。现在就算在香烟广告里也不会出现耍酷的镜头了，这种情况已经从根本上发生了改变。

在25岁之后，基本没有人会认真对待抽烟了，因为人们的自我形象和神经键基本已经定型了，上瘾的可能性就变小了。人们在青春期的时候总是觉得自己是不会死的，一个青少年根本不会去担心自己在五十岁时死于肺癌，恰好相反，他害怕自己会变得太老！因此他们会做一切可以证明他们青春不朽的危险事情，在这样的年纪可以有很多乐趣，五十岁之前在铁路上冲浪都不算什么！

人们对其他人的反应比对当局的反应还强烈，从八年级开始，大家就对同龄人的反应更大。如果班上最酷的那个人吸烟，那么其他同伴也会一起吸烟。如果这些领头的孩子喜欢体育，那么他们会比老师、家长和部长对同龄群体在氛围、角色意识和行为动机上产生更大的影响。"聪明点——不要开始"这个成功的学校项目就很好地利用了积极的社会影响，表扬吸烟人数低于10%的班级。这样确实有效，参加这个项目的班级吸烟的人确实更少！

政界为此做过些什么呢？他们总是在讨论令人作呕的、无用的戒烟宣传画，却不愿意做损害烟草税收的事情。我的同事文斯·艾伯特有个很好的建议：如果联邦政府真想针对吸烟做些什么，那么政府应该努力使吸烟成为一件非常不酷的事情，也就是让那些呆板的政客都在公开场合吸烟！人们还可以想到很多建议。当政客在雨天的国会大厦前接受采访时，让他们站在黄色的阴影中，显现出因为吸烟而变黄的手指和牙齿，以及又黄又黑的政治观点，这对年轻人来说一定是很有说服力的威慑。

为什么有很多医生也吸烟呢？他们说："咱们在私下里吸吸烟又有什么妨碍呢？反正烟都是纯植物提取的。"

欢饮的不欢之处

您还记得《魔鬼为了毁灭我们而制造了酒》这首流行歌吗？这是乌多·尤根思在1978年和前国家队一起录制的。起初创作这首歌时他们是非常具有雄心壮志的，希望可以用这首歌启蒙民众，但是民众只有在酩酊大醉时才能容忍这首歌。这些足球运动员是在什么样的状态下唱的这首歌，只能从录音中来猜测了。录音的男人认为可以从救世军①中拖走一位女人，他的清醒状态就更不用提了。对我而言，酩酊大醉的悲喜剧就是三个恶性循环，喝醉的人在这些循环中冒着迷失自己的危险：口渴、丧失记忆力以及喝下更多美好的东西。

---

① 救世军的福音宣教、社会服务与教育方面等工作主要由救世军中的全职军官和其聘雇的从业人员负责，其军兵亦会利用余暇，在其中参与侍奉。救世军及其旗下的组织基本上不会涉及任何国家的政治政策，而其成员亦无种族之分，故在世界各地可与其他国际救援机构和政府合作。

○ 爱情穿肠而过

　　饿的人在吃完饭之后就会饱了，饿和饱是一对反义词，但是口渴却没有反义词，这是有充分理由的。因为口渴从来不会被满足，而只是"封住嘴"而已。因为我们的身体主要是由水组成的，所以对水含量的调控非常精细。当水的额定值达到 0.5% 的偏差时，大脑就会给肾脏传递信息：把更多的水留住！这种抗利尿激素一定是在造物主心情不好的时候创造出来的，酒精可以起到抑制抗利尿激素的作用。

　　在喝完酒之后，人的身体不能储存水，排出的液体要比自己摄入的液体还多。酒精发出信号：水，开始齐步走！因此人们喝酒的时候总喜欢往厕所跑，与此同时，无论喝多少含酒精的饮料，都会一直口渴。人们长久以来都误以为咖啡会让人口干，这样的误会也发生在科涅克白兰地和同类的酒上。酩酊大醉第二天的头痛只和劣质烧酒中有毒的降解物有一些关系。头疼的一个重要原因是"脱水"使得大脑处于干燥的环境中。大脑的百分之八十都是由水组成的，这样干燥的环境对这样的器官而言显然不太舒适。

　　每个多多少少喝些酒的人应该会很熟悉这种口渴就喝酒，更口渴，然后更加醉酒的恶性循环。现在要谈一下第二个陷阱：酒精不能解渴，却像恶魔似的对记忆产生极大的影响。在次日晚上，这种认识又被冲刷干净了。

　　很多人喝酒不是为了重拾认知，而是因为缺乏关心。特别是觉得无法派遣一些特定的痛苦的人，尝试着去借酒浇愁。但忧愁是游

泳健将，即使被暂时淹没了，最迟在第二天早上又会重新浮现。人们为此感到羞耻，就会继续喝酒来试图忘记一切，没有酒精的话会十分无趣。

罗伯特·岗哈特非常了解感情和啤酒瓶之间的区别。"酒瓶是需要人们打开的，而感情则需要放在心里。"能够稍微为别人考虑的人，就不会在要开车时打开第二瓶酒。如果人们是旁观者，在别人喝醉说要开车时，不仅有道德上的义务也有法律上的义务把他的钥匙取下来，并且为他叫一辆出租车，在他缺乏自制力的情况下有必要报警，这样就可以减少刑事处罚以及避免很多不幸的交通事故，要知道，至少九分之一的车祸都是酒后驾驶引起的。如果冷静地细想一下，有一个人酒驾，那么其他八个人也是危险的，这也就是第三个陷阱：失控。饮酒过量不仅影响面部表情，也会扭曲对自己魅力、幽默感和其他能力的认识。

在我二十岁出头用欧铁通票旅行时，就经历过一次。有天晚上我在青年旅社，感到特别兴奋，每喝一杯劣质红酒，我的法语就更加流畅，简直是口若悬河，有些法语词汇我都不知道是否真的有，其他人也不知道有没有这些词。事后我反思的时候明白了，不是我的语言能力上升了，而是我对自己和其他人的批判能力下降了。遗憾的是，有几个我新造的词汇在第二天早上就永远消失了，再也无法留给后世了。为什么没有人将这些词记录下来呢？

戒瘾专家约翰娜斯·林登梅耶就把学生们醉酒后的表现完全记

录下来了，他教会学生们在受保护的条件下喝醉，同时进行录像，到第二天放给大家看。头天晚上男孩子还深信不疑，女孩子都在为自己倾倒，而女孩子则坚信她们变得非常幽默而且显得很酷。所以这样的录像比单独的说教更加有效果。

在十一岁时，我并不能理解乌多·尤根思关于醉酒男人和救世军女人混乱关系的那句歌词，我的妈妈也无法解释清楚其中的关系，也许是不想解释，比如"她邀请我去她的房间，在她的房间我才知道谁喝多了，可惜的是，喝多的那个人是半个男人"。在过去的三十年间，我去搜索并且了解了一些相关信息，最近甚至在一个争吵卡片上读到了关于这个话题的信息：昨晚的勃起只是我闹着玩的！这显然是在说谎。

女性的性兴奋明显和男性的不同。莎士比亚对勃起无力和醉酒的关系解释得非常清楚：酒精可以激起欲望，却带走了表现力。酒精可以增加激情，但是也让人无法继续做些什么。大醉之后会步履艰难，其他事情也会变得艰难。即使人们不这么认为，但是阴茎的勃起是和身体各部位的高度配合相关的。一条腿要放在另一条腿前面，很多肌肉要同时紧绷或者放松，阴茎才能达到直立状态，这和外生殖器血管充血是一样的。这些血管精准地调节着血液在神经轨道中的流入和流出，张力越不协调，结果就越令人不满意。这个结论是受很多男人欢迎的，饱受早泄之苦的人可以通过摄入酒精缓和刺激曲线。但是在人们自我治疗的时候，常常用过量的"药剂"，而性行为却最多达到普通状态。

酒精能够对糟糕性爱的开创起到重要作用，其实是有很多原因的。其实每个酒瓶上面都应该写着警告语：饮酒会导致阳痿。然后下面写着：注意！通过饮用酒精，您会觉得自己实际上比别人要更有魅力。但是这样的警告语应该就像香烟盒上的警告语一样没什么用。

不久前，有个以美国大学生为对象的实验曾证明了饮酒过量到底是怎么样的。世界各地的人都喜欢对称性，两边对称的脸要比扭曲和古怪的脸更招人喜欢。当这些学生清醒的时候，他们都能区分歪脸和对称的脸，但是一旦喝了酒，他们判断的准确性就会下降，他们愿意和每一个约会者见面。当世界在一个醉酒的人面前天旋地转时，如果在他面前出现一张歪脸，他会为其进行无罪推断，这可能是我的原因，这张脸应该是直的，没错！因此，在第二天清晨再将一切摆正是相当难的。但是您还希望再发生一次吗？现在您至少应该自己解释一下了。

短信、电梯里的猕猴、遥控器、章鱼保罗、水龙头、数码白痴、打电话、吻别

第六章

爱的细节

弗洛伊德短信

你知道你的手机偷偷在想什么吗？注意了，马上就会出大事（德语 vorschwein）了。噢，犯了弗洛伊德式错误！这个词是由本想说的 vorschein（出现）和偷偷想的 schweinerei（讨人厌的事）的混合。弗洛伊德认为这种混合能证明我们在口误时往往泄露了自己的真实想法。YouTube 上有一个经典的段子常被人拿来吐槽，安格拉·默克尔曾把她的竞争对手考希（Koch）不小心叫成了"克茨（Kotz）先生"，从此以后总理更喜欢写短信。为此她必须在手机上按 5642 这几个键来写 Koch，按 5689 这几个键写 Kotz，好像她从来没说错过一样。

维尔茨堡的心理学家萨沙·托普林斯基研究过，经常出现的短信文本在我们的记忆中会留下哪些痕迹。我们确实能不假思索地选择数字，知道以什么样的顺序打出想要的文字。测试者还发现，有些数字比其他的数字更受欢迎。比起 534243，他们更喜欢按 54323，却说不出为什么会这样。这背后隐藏着什么呢？第二串数

字对应的手机按键组成 eiebe（德语中"爱"的意思），当然比第一串数字对应的 eeiche（德语中"尸体"的意思）更受欢迎了。

有时我们对那些发短信键字如飞的人感到非常惊讶，按得如此之快还都能按对数字。但是更令人惊讶的是，在打字的过程中我们的脑子同时也在学习，把数字翻译成语言。这一点必须弄清楚了！如果短信能在无意中有这么长时间的影响，我突然想到，手机自己是不是有隐藏的思维？

弗洛伊德认为人的精神有三大组成部分：超我、自我和本我。本我是潜意识的，或者说是黑暗的，但是充满力量，它远离和抛弃了所有文明和教养。根据心理学分析，本我最喜欢性、死亡和攻击。你能想象这件可怕的事吗？手机比你先知道你的想法。在我们刚开始打字时，它就已经知道接下来是什么了。或者按组合键打字时，它就已经知道哪些组合概率更大。这种程序叫作"自动更正"，还有"T9"，然后有自己的秘密生活。

我的按键魔鬼第一次展露它被压抑的性欲时，我本来想写"Komm heil an！"（来吧！），而收件人那收到的是什么？"Komm geil an！"（骚样儿，过来啊！）这个无线电波在口误中泄露了它的真实本性。"Darf ich dich kurz stören？"（我可以打扰一下你吗？）写错了！写成了"Darf ich dich kurz stoßen？"（我可以撞你一下吗？）。"T9"甚至知道我潜意识里没想过的句子"Ich rudi auf dich！"（我反对你！），本来想表达的是"Ich steh auf dich！"（我支持你！）。

心理学家分析能发现人们处于哪一个发展阶段。弗洛伊德的死亡欲望也能显示在手机的屏幕上，当在打"你好，爸爸"的时候，手机自动建议"你好，去死吧"。"T9"是很受尊重的！智能手机希望父亲死掉，难道是为了毫无顾忌地和母亲的手机信息互动？

当我输入"All right"的时候，手机自动建议"Alleinherrschaft"（专制）。输入"Gute Nacht！"（晚安！），自动弹出"Gute Macht！"（你好，权力！）。是谁给"T9"编程的？R2-D2？我们是在打星球大战吗？否则哪里用得到"你好，权力"？为什么手机芯片觉得"权力"比"夜晚"更重要？难道机器早就在计划让一个不需要睡觉的人来统治世界？上一个除夕夜，我希望"Guten Rutsch！"（新年好！），但是你知道"T9"说了什么？"GUTEN PUTSCH！"（暴动吧！）也许我们正面临数字化革命！请您试一下，让某人输入"Frohe Weihnachten!"（圣诞快乐！），手机会自动将其更正成"Droge Wei—hnachten!"（毒品圣诞！）。如果马克思也经历过这些的话，会说自动化是人民的鸦片。

系统是可以学习的。偶尔它还有教育的意义，写"Prost！"（干杯！），会自动更正成"Sport!"（运动！），用出汗代替喝水！手机难道也有幽默感？至少我的手机会把"Gute Besserung"（祝您健康）自动变成"Gute Bewässerung"（好好浇水）。我不知道它想说什么，但是我的智能手机也有这样的愿望！

乘电梯的智慧

您想和谁一起待在电梯里呢？问错了，很有可能没有人。人们不想在那里和不认识的人在一起，也不想和相熟的人在一起，也不想和想要结识的人在一起。很有可能是因为，就算乔治·克鲁尼和克劳迪娅·舍弗在这么狭小的空间里也不会像超级巨星了，而只是普通人。政治演讲中经常宣扬家庭是社会最小组成单位，其实电梯才是。

人们可以接受别人离自己多近呢？这里有个小实验，您可以在下次聚会时尝试这个实验来娱乐周围的人。请您找两个并不是很相熟的人，让他们从很远的地方走向彼此（这个实验也适用于女性）。这两个人在到达"舒适区"时就应该面对面站立。那么离多远是舒服的距离？什么时候另外一个人不算太近呢？在大多数情况下，距离都在半米左右。现在请您举起其中一个受试者的手臂，并将他的手臂伸直平放到另一个人的面前。令人惊讶的是，结果很精确，手

◦ 爱情穿肠而过

臂几乎快到对方的鼻子了。我们在这个距离时感觉到舒适,也就是我们不在一记突然袭来的拳头的攻击范围内。

每个人在自己周围都有个舒适区,在电梯里也是这样。这个科技创新加大了人们受攻击的范围以及城市的密度,因为电梯可以比我们走楼梯达到更高的地方。进步的代价是,我们每天要和完全陌生的人在有限时间内锁在一起,并且要盲目地信任这个科技。很多人都感到恐惧,这种恐惧也被用于恐怖电影,一个变态尾随一个毫无抵抗力的受害者进入电梯,并且肆无忌惮地释放自己的侵略性,因为他的受害者无法逃脱。在现实生活中,电梯里几乎没有发生过谋杀,很显然是因为这东西让凶手都感到阴森可怖。一丝安慰。

患有电梯恐惧症的人对电梯的恐惧程度是令人无法想象的,甚至连神经用钢丝做的男人们也会撒娇并且认为自己命悬一线。实则相反,自从奥提斯先生发明了自动制动装置后,在电梯失控时是不会变成自由落体的。在您更加担心之前,其他生产商的电梯都规定要使用自动制动装置了。

我自己并不喜欢坐电梯,因为走楼梯更加健康。当我坐电梯时,我总会阅读电梯内紧急事件的注意事项,或者寻找 TUV(德国质量检测公司)质检的日期。这个可承重总量是多久修改一次呢?电梯上通常会写着"300 千克或者 4 个人"。我在医学课上学过,人的平均体重为 70 千克,但这已经是几十年前的事了。如果有三个同乘者，每个人都可能在 100 千克以上，这使我陷入了沉思。因为我自己知道，我的实际体重比称起来要重。骨头，您理解吗？情况总是很好。

您有没有在某个时间接受过"电梯训练"？或者换种问法，为什么几乎所有人并没有经过精确训练，却仍然像在做一个细致的舞蹈动作？看向地板，将手放在生殖器前，就像当时在爷爷墓前一样。在三岁之后，我们就无意识地致力于一致性，我们通过模仿来学习并且做别人做的事情。成年人被关在一平方米的地方，就无论如何也不想互相触碰。这种趋同心理是经过隐藏摄像头测试过的。四名参与者在电梯里看着墙壁，一个一无所知的"新来者"会做什么呢？在经过短暂的不适之后，几乎所有人都采取了相同的姿势，并与这个荒谬的情景保持一致。但是您无须做到这一步，现实生活已经足够令人惊讶了，人们进入一部空电梯，很多人通常都尽可能离门最远。每来一名新乘客，情况都会更复杂：每个人都这样站着，以免别人碰到自己，并且也不会与别人脸对脸，直到走出电梯。接着便是一项真正伟大的艺术：在电梯平台上转身，恰好不触碰到光栅。否则人们脖子上就会感受到全麦味的冰冷呼吸。

人们在电梯群舞中，根据每个新情况由远到近调整到最佳状态，这种情形和电脑游戏俄罗斯方块很像，但是游戏中的几何图形要尽可能紧密地摞在一起。在游戏中形成的形状不会再变，而电梯之舞则一直变化。

如果电梯里的十个人有八个出了电梯,而剩下两个人像之前那样紧密地站在一起是很奇怪的。如果人们在等电梯,电梯门打开,某个人直接站在电梯门口,尽管这个人是独自乘电梯,也是很令人匪夷所思的。在这种情况下请不要进电梯。

男人天生对领土很敏感,并且喜欢标记自己的领域。如果一个男人独自在电梯里并且必须出电梯,他虽然不会停留很久,但是会留下气味记号。由此,下一个乘电梯的男人会得到信号:有人在你之前到过这里。如果一个女人进入一部空电梯,并且看到有个味道难闻的箱子已经放在电梯里了,她很可能立刻出电梯。她受不了下一层上电梯的女人认为她是臭味的罪魁祸首。她宁愿等下一趟电梯或者走楼梯。

假使一个男人待在电梯里,然后一个女人进了电梯,这两个人很有可能会表演一段小小的距离之舞,并且站在对面的墙边。这个男人会感觉到有些被侵犯,因为在此之前他是后墙唯一的主宰者,现在他被挤到两边的墙上了,感觉像是这个新来的"搬到他身边"似的。您会立刻认出这与两性关系的类比,但有个细微的区别:女人们不会带家具到电梯里!

这两个人接下来会做什么呢?他们只对一样事情感兴趣:地板或者天花板。电梯里的视线移动几乎总是垂直的,就像电梯也只能向上或向下移动一样,几乎不会向旁边移动。对电梯而言是机械原因,对人而言则是心理原因。人们无论如何都会避免目光接触。如

果人们一对视,那就要有所反应。

为什么总有那么多人在一个挤满人的电梯里一遍又一遍地按按钮呢?这些相当烦躁的人想要快点把门关上。我不相信这样按可以加快速度,但至少人们会有种为了任务成功要做出点贡献的错觉。这种强迫行为可以减少恐惧和无助。

我认为下面的行为更加荒谬,某个人想要向下去,他进来并且看到代表一楼的"E"键①已经亮了。他会做什么?他会在稍加犹豫之后再按一下!这些人瞎了吗?不,在这种看似粗心的行为之下,他其实是给其他人发出一个社会信号。因为只有在没人按的情况下,按"E"才有意义。如果我这么做,就好像是告诉其他人:让我们都把对方当空气吧。我对你而言不存在,你对我而言也不存在。如果我们两个不是作为有各自利益和目标的独立生物体存在,那么也就不会有争吵。

如果人们是和熟人或者同事一起坐电梯,情况会更加复杂。因为对其他人而言,两个人聊天会使气氛更加窘迫。站在周围的人被迫成为对话的一部分,也就是"窃听者"。因此,即使在等电梯时,热聊的朋友们在电梯门关闭之后也会闭嘴,最后交换一个团结的目光,然后就开始看手机,尽管电梯是一个肯定没有人会受到迎接的地方。

---

① 在德国,一楼的首字母是 E。

○ 爱情穿肠而过

有时候会出现陌生人对视的情况，但他们只会看对方几毫秒。专业人士称此为礼貌性疏忽，也就是在目光交流会使一切更糟的情况下礼貌性地忽视对方。一个和睦的目光交流最多出现在当人们和陌生人一起坐了一层，然后电梯停下来，进来第三个人时。一号和二号经常会快速看一下对方，以便团结一致：三号不属于我们，他是新来的，我们几乎已经是一个电梯小组了。没有什么比共同的敌人能更好地将人们团结在一起。很显然新来的只是一个"搭乘者"，这个人会站到后墙边，夹在两人之间，并且意识到，他打扰了他们。就像作为客人，必须躺在双人床的两个床垫之间一样。

只有少数几位心理学家会认真地研究坐电梯时上上下下的感觉。我知道的最具有启发性的研究之一来自芝加哥大学行为心理学教授达里奥·马埃斯特里皮艾特。为了更好地理解人类，他研究了猕猴。

猕猴和我们很像，它们生活在集体之中，彼此关系复杂，并且能从照片上认出自己的亲戚和孩子。如果它们不住在深山老林中，很有可能也会主动给其他人看自己游艇的照片。如果人们把它们放到电梯里，它们会做什么呢？如果这个自由的生物不得不突然和另外一个陌生的猴子待在一个密封的空间内呢？它们表现得相当"自然"，和人类一模一样。它们会做所有避免斗争的事情。它会慢慢移动，以免吓到另一只猴子。它们待在角落，并且避免目光接触。

它们看向地板，如果气氛很紧张，它们会微笑！它们将展露牙齿作为和平信号：我不咬你，我只是闹着玩的。它们超过我们人类的是：如果以微笑回应，它们就会给彼此挠痒，护理皮肤，来一整套健康项目。首先是一只猴子得到背部按摩，然后是另一只，就像人类给彼此提供口香糖一样，另一只猴子从自己的皮毛中提供美味的虱子。没有压力，没有伤害，没有斗争地消磨时间，大家都很好。猴子互相挠痒痒，就这么简单！

因此我请求您，亲爱的读者，在您下次坐电梯时像猴子那样做。您可以放松气氛，给这个小空间带来乐趣，这很简单。您可以根据情况和个人能力选择下列的建议之一。

1. 您可以和所有在场的人握手问候。

2. 如果除了您之外，还有另一个人在电梯里，您可以轻拍他的肩膀，然后装作不是您干的。

3. 您可以问大家："您减肥了吗？"

4. 您可以直接站到某个人面前，友好地夸赞他的衣服或者头发，也可以给他一个拥抱或者背部按摩。

5. 加所有人 FACEBOOK 好友，以便以后交流。

6. 所有的热舞爱好者，您可以转一圈并且指着地板说："这是我跳舞的地方，这是你跳舞的地方。"

7. 站到角落并且大声喊："现在数到'三'，请大家都藏起来！"

○ 爱情穿肠而过

祝您玩得愉快！如果您真敢尝试这里的建议或者有其他"电梯乐趣"的主意，请您拍下来发到我的 FACEBOOK 主页。我向您保证，您下次坐电梯时无法不笑。

男人和遥控器

男人为什么总是和他们的工具有一种亲密的关系呢？您自己可以周六一整天待在一个建筑市场观察男人们购买钻孔机的样子。每个模型都被他们小心翼翼地拿在手上，测量重量，并且温柔地抚摸手柄。此时男人从内心深处来感觉，以便通过直觉来做出决定：这是我的宝贝！好像它是他的一部分。根据最新的大脑研究，工具改变了我们的身体直觉，我们通过锤子、石头和钢铁得以成长并且超越自己。

尽管语言和工具的使用是人类发展史上伟大的进步，但直到最近几十年，人们才在心理学上有较为认真的工具研究。在哲学中，人们数百年来都致力于研究语言，将其视为认识的工具，与语言哲学相反，根本就没有研究工具哲学的教席。尽管教席也不是仅仅通过词汇产生的，关于"事物本身"的讨论对事物本身并没有什么影响。

○ 爱情穿肠而过

长久以来，人们都在考虑我们的身体从哪里开始，到哪里结束。错了，正如人们不久前知道的，我们身体的图像和我们的感觉在拿到工具的那一刻就发生了变化。在大脑中，每个身体部位都被"代表了"。但是现实的手和大脑中对应的手并不总是一致的，而是变化的。当我们手中拿到一把锤子，在我们脑中锤子被解释成我们手臂的延伸！这是非常实际的，因为这样就可以协调行动并且可以在钉钉子时进行预估。如果人们没有钉到钉子，而是钉到大拇指，那么就会出现语言生成的伟大时刻。

在瑞典，单身汉之夜会有一个仪式：准新郎在喝了很多酒之后，要把一个名扬瑞典之外的生产商制造的家居拼装起来。这至少可以使男人将在困难情况下使用内六角扳手的经验带入婚姻中。关于我自己的手工能力和需求，建筑市场上有两件可以使我很享受的东西：Caramba 和 Gaffa，也就是一个喷射的溶锈涂抹剂和一个黏性很好的纺织品带子。如果有什么东西不运转了，那么应该喷一下。如果有什么东西本不该晃动却在晃动，粘贴，完工。

但是心理学研究却把"透明"和"非透明"的工具进行了区分。用德语来解释：要么我知道工具是如何运作的，要么我并不知道其中的机械原理。比如一把剪刀，刀片之间有铰链，我必须要把手指合在一起来剪东西，这个工具是半透明的。但是在某些情况下也会出现误解。我妹妹在上学之前用一把钳子和我的手做了次实验。当我试图借助语言来告诉她我的疼痛（我当时的表达有些不

· 218 ·

同），她却把钳子夹得越来越紧，并且认为钳嘴会随时打开。现在好了，我如今是在用九指系统写作。我开玩笑的，事实上并不是这样的，其实一切都很好。

但是把工具转化为身体的延伸是需要学习的，首先是我们身体的非透明电子延伸。智能触屏手机开创了新的动作，这是我们人类在进化过程中从来不需要的，例如张开拇指和食指来放大图片。猴子为了进化成人并且进化出可以触摸其他手指的灵活拇指，花了几十万年。您看见过一只可以将线穿进针眼里的猴子吗？没有，因为猴子无法正确地抓住针和线。把我们变成猴子的是机器，机器使我们无法理解，它使我们的大脑储存的信息变成我们身体"开端"的记录。我们不理解这些记录，因此我们满怀疑心地尝试机械化地理解它们最真实的意义。

一个最平淡无奇的例子便是遥控器中的空电池。您是不是猛然惊觉，您总是在电量小的时候，越来越用力地按按钮？就好像不停地按压可以产生附加的电量一样。遥控器很少被设置成这样，按压对里面的电子是没用的。

另外一个例子是：人们用投影仪往墙上投放一张图片并且尝试用遥控器来更改图片。每次我都是先把遥控器对准图片，并且对什么都没有发生感到很吃惊。我下面要做什么呢？我更用力地按按键。在换电池不久前我才想起来，这个图片之所以在墙上，不是因为墙而是因为投影仪。然后我转过身将遥控器对准投影仪，而我一

○ 爱情穿肠而过

直都站在投影仪旁边。我并不为此感到骄傲，我想要给遇到过类似事情的人鼓励：其实你们并不孤独！

男人和遥控器很显然有某种内在联系，你们可以猜猜看是哪种关系，但肯定不是异地恋。一项研究表明，女人把日常电器评估为色彩丰富的刻度表，而不是男性（蓝色）或者女性（粉色）。电视遥控器被评为深蓝色，非常合理，因为在秘密采访中男人表达了他们对占有权利的向往，他们像小孩子一样为占有遥控器而争吵。他们甚至承认，他们经常这样争吵只是为了激怒他人。有些人会觉得自己成为"权力"持久的占有者，是因为他们能更多地从遥控器中"获得"这种感觉。

男人们更喜欢经常换台，漫不经心地观看，很少会有他们最喜欢的并且可以保持忠诚的电台。因此他们比女人知道的电台更多，即使是储存序号在后面的电台，并且对外语和流行体育类型有着令人惊讶的开放态度，只要这些节目中有裸女。男人喜欢变化、刺激和"其他的事情"。

相反，女人更喜欢经常阅读电视杂志，并且有目标有规律地追剧。男人放弃前情信息，他们直奔主题，并且很快决定自己要看哪个节目。他们喜欢类似"电子猎枪"类的节目，好像按按键就会杀死"猎物"。请您注意一下面部表情，对于很多男人而言，遥控器就是他们还能追逐猎物的唯一武器。

尼尔·波兹曼在他有预见性的书《娱乐至死》中就已经警告过

了，不停换台会很容易混淆现实和想象的区别。人们会觉得，可以通过换台把不幸从世界中消除或者至少是暂停。但是世界对我们的遥控器是没有回应的，无论我们换多少次台。

顺便说一句，一个给年轻父母的美好礼物是一个控制小孩的遥控器。这是一种梦想，可以通过按键教会孩子某些事，或者让他们放弃某些事。有一个按键是"说谢谢"，旁边是"吃蔬菜"或者"做作业"。在上面有"静音"和"停止叛逆行为"的功能，对于青春期的孩子有"停止文身""穿洞"和"吸烟"的功能。请您将遥控器指向孩子，随意按一个按钮，做最好的期待。这个遥控器不需要电池，因为这些只在脑海中有效。

有小孩的父母知道，他们会对遥控器做出什么反应。没有积木玩具，没有电车模型，没有娃娃，没有可以使遥控器具有神奇吸引力的东西。他们首先把这个东西放到耳边，父母接下来会自然而然地问他们是从谁那里得到这个东西的。然后父母会发现孩子用这个东西可以做的事情：打翻苹果汁，取出电池吞下去。孩子想要和需要的一切就是父母的全部注意力！

我家最荒谬的遥控器是厕所的。是的，我承认，我给最新一代的高级工业陶瓷投资了。其他人都把精美的瓷器放在厨房，我把它们放在浴室。如果人们计算一下如今在浴室中的流行装饰和额外安装的家具花费了多少的话，他们一定会感到吃惊。为何不在浴室接待客人？浴室是新的起居室！

○ 爱情穿肠而过

一个朋友对小型坐浴盆的热情感染了我。我被这句话说服了：你愿意和一个不用水洗只用纸擦手的人握手吗？当然不愿意。我订购了这个东西，后来我才明白我在这个论据中犯了一个小的逻辑错误：不洗屁股的人可以洗手啊。无所谓了，事实是小型坐浴盆越来越流行了。在很多温暖的国家，人们有自己冲洗和淋洗的文化。

如果全球气候变暖导致德国也是地中海气候的话，那么我从心理和身体上都做好了准备。德国的特别之处是不会将两个独立的脸盆放在一起，而是多合一模式，没有抽风机，但是有吹风机。一切都可以根据个人喜好进行设置，有记忆功能，因为每个人痒的部位不一样。理论上人们可以直接用手打开淋浴，但是人们没手了，因为手里拿着遥控器！起初遥控器是为远距离操控而设计的，现在是为了大生意。

遥控器最大的乐趣，我估计是它本来的用途。当一无所知的客人悄悄进入锁着门的房间，人们必须能预测客人从门外进去的正确时间……我承认这样很幼稚，但是这比门铃要好。科技终于有一次有意义了，因为人们作为成年人也可以胡闹一把。

章鱼保罗的秘密

保罗走了，然而我们还有好多问题没来得及问他。这只全知的章鱼对2010年世界杯的了解比所有专家加起来都多。尽管在2012年欧洲杯时动物园里到处都是所谓的先知牛啊，软体动物啊，鹦鹉啊，但是没有一个能像保罗一样有名，没有一个能像保罗那样准确地预言。我们因为一个接一个的预言而渐渐喜欢上了这个能用八条触手把人捆住的生物。

所有预言的秘密均可浓缩为两点：首先，要做出切合未来的预言是很困难的；其次，人们在这背后正变得越来越狡猾。保罗所做的后来被证明为真相的预言，可不仅仅是发生概率为1/256这么简单。这只是数学上的，而不是心理学上的！设想一下，如果有256个广播站同时把吉祥物带到预言世界杯的起点上，那么会发生什么呢？其中一半在第一场比赛过后就出局了。在第二轮中又有一半出局。这不过是纯粹的统计概率学，但现在心理学也参与到这场游戏中了。

○ 爱情穿肠而过

人们会谈论谁，会报道谁呢？仅仅是那些在第一轮中因为巧合而猜对的动物罢了。章鱼保罗没有超自然的力量，这只不过是人类游戏中的一部分而已。一开始先不下结论，但在之后又宣称：看到没？我早就知道了。如果有256只章鱼同时被放到起点，那么总有一只会猜对所有的比赛。但是人们事先不知道是哪只，而且如果不只有章鱼，而是有很多种不同的动物时，我们就会忽略这个事实。

更简单的方法是，人们拿一枚硬币在手上，这样在8次比赛中，纯凭运气猜中哪面朝上的机会是均等的，也就是50%对50%。虽然8次全凭运气猜对很罕见，但这也不是什么天方夜谭。我自然会仔细检查一枚8次都扔出人头朝上的硬币，看看它的背面会不会还有一个人头。但即使是一枚正常的硬币，也可能发生这种事，掷256次都是人头朝上也不是不可能。章鱼保罗究竟知道什么呢？他真的能预知到真相和风险吗？

没有什么比成功更成功的了。这不仅仅是对章鱼而言的，对高等动物来说也是如此，他们喜欢把他们成功的经验写成书。停止这种自欺欺人吧！因为无论是读者抑或是他们自己都不会相信这些。偶然与巧合在每一本传记中都扮演着极其重要的角色。但是我们习惯于把失败归咎于命运的作用，而把成功当成我们努力的结果。不成功的人很少写传记，更不可能成为畅销书作家。保罗的秘密藏在我们每个人的心中！

若是章鱼保罗在第一轮比赛就猜错的话，那么被奉为天才的就

第六章 爱的细节

不会是这只来自奥伯豪森州的章鱼,而可能是一只来自瓦内艾克儿的鼹鼠,还可能是一只来自汉诺威的公鸡。但是自从保罗成为媒体的宠儿之后,就没有任何一个动物再发出声音了。夸张地说,人们只能谈论那只章鱼了。其实保罗要做的只不过是保证一开始通过机缘巧合猜对四次以后,在最后几次比赛中不犯错误,而这完全没那么令人惊讶。章鱼有八只触手,但没有两张脸!不是那只章鱼有预知能力,而是我们人类对真相和数据熟视无睹。在这一点上,人们对章鱼的态度比起对核能源来说可谓温和多了。

一百年前,所有预测师都强调,每一万年才可能发生一次严重的核泄漏。在经历了哈里斯堡、切尔诺贝利和福马核泄漏之后,没有人再相信那个了。我也不信,因为这三次灾难正好发生在我活着的时候,而我还没有一千岁,更别说是一万岁了!如果人们用骰子掷出来一个六,那么下一次掷出来六的机会不会变高也不会变少,而依旧是一到六中的其中一个数字。那么用同样的逻辑来看,这里每一万年一次也不是就指正好一万年,而是明天就有可能会发生。巧合和骰子是没有记忆的,有记忆的是我们人类,而且我们不可能活上万年之久,久到能看出谁在这场核能源辩论中获胜。一座核电站发生泄漏的风险是有限的,但是对于所有新旧核电站来说,发生下一次核泄漏的可能性是很大的。

"这就像是墨菲定理:一切可能会失败的事情终究会失败。"一位来自德国弗莱堡柯克伦研究室的数学家戈尔德·安特思如是说道。

225

○ 爱情穿肠而过

他的意思是，发生核泄漏事故的可能性几乎是100%的，人们只要等足够长的时间就行了，有时这个进程还会更快。除了让保罗去分析足球比赛结果以外，人们还将他预言的能力用于真正重要的选择。比如哪里是一处安全的核废料场？但是保罗永远地躲起来了，而且德国的核工业终于找到了正确的路：当一阵舆论浪潮正得人心时，不应去挑战它，而应该默默地把机器下线并关闭工厂。

如果我们已经在精神上受到几次事故的打击了，那么当下一次再发生事故时，情况将会变得更糟。在日本我们发现，地球的发展并没有遵守所谓的预言。那些核电站在设立之初是考虑到可以承受住8级地震的，但是没人预料到会有9级地震。

糟糕的事故，对技术的不信任，或许在这背后有人在操纵着？当公众注意到我们对事故总是应对无力时，信仰与迷信就会滋生。到底是什么引发了地震？一位伊朗的传教士对此有一个很有趣的解释：那些不把自己裹在衣服里的女性不但会勾引路上的男人，还会提高发生地震的概率。这是个大胆的推论，人们甚至可以通过实验来证明它。这正是一位22岁的来自普渡大学的女大学生珍妮佛·麦克特要做的事。她通过网络要求女性去检测她们乳房的超自然力量，以为找到了性学与地质学的关联。

15万志愿者乘飞机聚集在一起，她们是从群体中选出来的最坦率的人。在那个"摇乳日"，她们想在美国的印第安纳州摇出一场地震，而且那天大地的的确确发生了震动！不过从另一方面看，在

第六章 爱的细节

台湾的地震球依然指示着6.9级。这是一个针对基要主义或是地震学，针对胸罩或是思想存在，针对乳房或是下体的理论吗？这场地震会不会只是一个巧合呢？

　　无可争议的是，到目前为止地球对乳房存在引力，但这会不会也是一个经常在我们生活中发生的双向拮抗反应呢？由于它的复杂性，我们暂时还无法做出定论，所以后续的研究是很有必要的。我只害怕一点：两边我都认为是赢家。因果关系和相互作用，科学定论与宗教信仰变得难以分隔，就像是一个在大街上边跑步边拍手的人一样荒诞可笑。如果你问他为什么要这么做，他会回答："我在驱赶大象。""但是这里没有大象啊。""你看看，收到效果了吧！"

　　通过观察得出正确结论是一个很高明的技巧，就像下面这个故事说的那样。

　　夏洛克·福尔摩斯和他的助手华生一起去露营。福尔摩斯在午夜时分突然醒了，并叫醒了他的助手：

　　"华生，抬头向上看，你看到了什么？"

　　华生："成千上万的星星。"

　　福尔摩斯："这意味着什么呢？"

　　华生："从天文学角度看，那里可能有许许多多的星系，可能还有生命。从心理学上看，我们是渺小的沧海一粟。从气象学上看，明天可能是一个好天气。你又看到了什么呢？"

　　福尔摩斯："我发现我们的帐篷被偷了。"

失败的水龙头

有一个很美的英文谚语：如果没坏的话，请不要修理！（If it isn't broken, do not fix it！）这句格言适用于人际关系，我想把这句话写在给世界上所有设计者的手册中，或者写给那些认为自己应该忙于"改善"水龙头的人。

由于我经常出门在外，要在宾馆里过夜，我总是要和不同的配件斗争。我是一个多么容易在淋浴器下因为设计者在一个地方错误的创造性而感到生气的人。不仅是生气，而且是彻头彻尾被煮熟，因为我把自己烫伤了。之后我会更生气，设计应该是有用的艺术，这是一个有效的定义。但是事实是，很多设计使有用的东西变得没用了。

在我能够经历过的美好的过去，水龙头名副其实，因为它们的构造就像一只公鸡①：两边有翅膀，一个长长的脖颈，中间有个喙。很显

---

① 德语中水龙头是由水和公鸡两个词组合一起的。

然，有红点的翅膀是热水，蓝点则是冷水。如果人们想要稍微热一些的水，那么只要稍微拧一下热水的齿轮，如果拧得太多，水肯定非常热。这对设计者来说并不够，他们显然很无聊，并且长时间住在有锅炉的地方，这种锅炉不给赖床的人留任何热水，不管他把水龙头拧到多大。他们想把这种沮丧传递给广大人民群众，一定是这样的。

独臂调温水龙头是最伟大的创新，就像一个独翅母鸡一样很不实用。理论上，这个设计的优点可能是用一个阀门来调节温度和水量。为了得到舒适的温度还是要用双手控制阀门来精确调整，但没有什么用。

独臂阀门还不算完，疯狂仍在继续。不久前我在宾馆发现三个阀门上下相连的趣事。这个阀门不需要人来拧，而是要轻微地调整角度。我通过无数次试验，用尽了最后一点人类的理智，得出结论：最上面的阀门决定从上面还是从两边流水，第二个决定喷射的力度，第三个决定温度。为什么没有在某个地方写出来呢？为什么三个阀门功能不一样，但看起来都一样呢？形状由功能决定，再说一遍，形状由功能决定。猜猜看，我在这边是怎么想的，难道没有人教过这些设计者吗？

我也不太能理解公共泳池的淋浴设计。为了不让不良青少年浪费水，只有一个按钮，按很多下才会有淋浴，而且水流很细，不知道放的是热水还是冷水。淋浴的时候人们一致认为，是因为人太多所以水才这么小。当所有人都在同样的水里游泳时，必须在淋浴时也接受同样的温度。与此同时，小孩子们很乐于尝试为泳池水温达到人体温度做出贡献。

我在英国住过一年，经常惊讶地站在水池边，希望可以有一个调温水龙头。因为在那里，维多利亚时期留下的分开式水龙头直到现在仍庄重地保留着。那时人们把热水和冷水放到脸盆中，可以混合在一起，之后才润湿皮肤，非常时髦。就好像每天"您在里面给手洗澡一样"，人们在洗手之前要先放洗澡水。只有冷水水龙头是自动打开的，这样手不会被烫伤，在两种水龙头下很快地冲一下手不会从本质上提高洗手的舒适感。

有一次我带着嘲笑意味跟一位英国女士指出，她的国家缺少调温水龙头。她回答道，造物主在造人的时候，只有在最后一段让不同的液体流入其中，人们可以看到，这导致了什么。我该怎么回答呢？

如果上帝存在的话，那么上帝一定是一位女士。男人肯定要在这种设计上花费更多力气。一切都是创造者的"智慧设计"，他就是想要这样的设计。同时他们要和进化论斗争，经常也和自己斗。不是讨论，而是抛出一个有力的反驳论据：如果上帝不希望我们手淫，那就会赐予我们更短的手臂！

不管天上是否有一个设计者，地球上亲爱的设计者们：你们只能在一件事情上平息下来，那就是加固马桶垫圈。总会有一个松动的螺丝，世界上到处都是摇晃的马桶垫圈。构造一个本身很牢固以及可以不摇晃的底座，应该不是一件太难的事情。要不是这样的话，你们的创造力就太可惜了，你们这些创造者。

一切都是电子化？

火车站附近最悲伤的生意就是邮票和硬币收集者的生意，装着防盗网的窗户大多是关着的，我还没有看到过里面有顾客会迷路。集邮爱好者和钱币收藏家被列入了濒临灭绝物种的红名单，后继无人。以前这些爱好还是很有魅力的，可以给自己的心上人展示："快上来，我给你看我的邮票。"但是现在就不起作用了。

一个二十岁的人会回答："把这个放在网络相册上分享吧！"毫不奇怪，集邮爱好者并没有增长。网络变革了所有信件、结账和性交的形式，我现在还有以前的情书，但是我无法想象，下一代人从一个老箱子里拿出一个优盘，里面保存着美丽的短信，那是一种什么感觉。一封电子情书令人信服的程度，就像用邮件给一个人发了张比萨的照片并且说：如果你饿了，你可以打印出来。

不一定非要用手做的纸，但手写的话会有所不同。用钢笔写字就没有删除的选项，除非从头开始写。以前有段时间，人们写

○ 爱情穿肠而过

之前需要先考虑。我都是先用钢笔以给一个陌生女读者写信的形式写完我所有的书。一派胡言,当打印机的激光对我有反应时我是很开心的。

但实际上我做的是:给别人朗读书中段落,我更愿意在一个灯罩下而不是在屏幕前朗读。我是不是非常浪漫或是太老了?我需要更新吗?我的软件不够新潮?

您把我称为过时,但是我也并不非常相信电子书!我认为这对于我和我拜访的人而言都不是很美好,电子书没有纸张和颜料混合的经典气味。还有一些事,我知道这很轻率,但是如果我第一次去某个人家里,我没法一有机会就到浴室窥探化妆品的秘密或者桌子上瓷器的生产者。但我可以检查书架,然后我就能很确切地知道主人的品性。

对这些书而言,重要的是要和桌子相配,而不是主人的个性。柜角暴露了灵魂的高度,上面的灰尘已经很久没有擦拭过了,却记录了过去的时代。知道别人读了什么或者至少打算读什么,就自然会有谈话的动机。我可以像读一本打开的书一样读某个人!

我羡慕那些可以翻阅厚书的人,因为职业原因,我从学徒培训期开始就读了很多专业文章和专业书籍,很多都是躺着读的,更多的书没有读过。面对诸多好书,总是感觉时间不够用。我经常会感觉很难过,尤其当我看到有人把一生都浪费在坏杂志上。

不乱塞垃圾食品并且仔细关注烹饪过程在现在已经很难得了。

很少有人在对待精神食粮时同样用心。罗尔夫·多贝里写了一篇有趣的文章，是关于自己为什么还读书而不看报纸，不浏览网络新闻。因为这都是精神快餐，营养太少，只会让人觉得吃太饱而已。

我自己就很少去看旧书，当我在地铁上看到对面坐的人正在阅读一本具有五百年历史的宝贵书籍的最后十五页时，我感到超级开心，我也会跟着一起紧张，不知是先看完书还是终点站先到，一场肩并肩的赛跑。以我的经验来说，对于一个作者而言，最美妙的事情是观察一个正在阅读自己书的某个人，他忽然因为书中某段内容而发笑，这些内容正是作者自己在寂静的小屋子里写出来的。缪斯之吻或者缪斯的微笑通过印刷书这个媒介被施加到另一个陌生人的脸上，这就是书的魔力。书的读者寻找的是深度，不是用户界面。他想要理解什么，而不只是滚动屏幕。作者和读者不仅仅是通过无线网连接起来的，作为作者我想要分享联想和思想的网络，使读者沉迷于虚构和编造的情节之中；作为读者我想要沉迷，被吸引。如果有人喜欢，那么在书市中有一个巨大的灰色区域。我认为，对于某些特定的书而言，最好没有人知道有人在读这些书。

很多记者同事预言，在不久的将来，人们只会在硬盘中保存PDF文件，而不会在桌子上堆积纸质文件。很显然，人们可以在旅行时携带更多的书籍，但是老实说，这并不能解决问题，反而会使情况更糟。

我经常会在旅行时读书，当我在太阳下打盹时，我想把书放在

脸上，而不是什么信息处理器。没有什么比在度假时将一本读完的书摞到另一本书上更令人感到满足，或许我是一个即将灭绝的物种。APP 可以保证融入虚拟触觉：已经有电子折角了，之后就会有 PHOTOSHOP 做的褪色纸效果和虚拟咖啡渍。当客人来的时候，人们可以用一个访客 APP 在电视监视屏上展示完整的电子书架，或者把所有书脊的全景打印在裱糊纸上，然后挂在墙上。

当电视被发明出来后，报纸出版商由于担心报纸未来的前景开始首次畏缩，有句话传播开来：电视永远不会替代报纸，没有人想用电视机来打苍蝇。就连最新的纯平屏幕也完全不适合用来包鱼。旧的印刷文化技术有着无可替代的优点。

一个美国的工作组对新闻学学生进行测试，这些学生都是二十出头，属于数字原生代的一代。一半人阅读《纽约时报》的纸质印刷版，其他人在网上阅读同样的内容。结果，阅读报纸的人记住的内容是网上阅读的人的两倍。换句话说，所有东西都能用电子记录，但是这对我们的记忆和独立思考而言是一种毒药。

根据一个备受推崇的研究，这是所谓的谷歌效应，因为人们随时可以重新搜索和找到信息，所以就不再能真正记住什么了。贝茨·司柏罗，一个哥伦比亚大学的女心理学家，她让受试者首先读电脑上四十句不同的陈述句。一半的参与者相信计算机会记录下所有的内容，另一半则认为所有内容都会被删除。相信计算机总归能储存所有内容并且认为这些内容可以调出的人，记住的内容最少。

格奥尔克·克里斯多夫·礼西滕伯格说过:"当书和大脑相遇,听起来很空洞,但是一定是在书上?"是的,我承认,我没有在书上找到这句原话,而是从网上抄下来的,但是我首先至少要在脑袋中对这句话有印象。而且我知道,记着礼西滕伯格的名言的书可以在我的地下室找到!21世纪会发生怎样的变化?"当笔记本电脑和大脑相遇时,电池就是一切,那一定是在笔记本电脑上吗?"

我们的大脑可以使有意义的信息联系在一起,电脑却不行。如果有人有不同的观点,可以在我的电子通信录中手动删除双倍和三倍的数据,这将持续多天。移动硬盘不会问任何问题!它们只是存储。它们不能一下子排除某些东西或者是故意忽视某些东西。

我有次见到了埃里克·康德尔,他是诺贝尔医学奖获得者以及最伟大的记忆研究者之一。他出生于维也纳,由于他的犹太出身而必须移民。在一个采访中他透露了自己的成功秘诀:其他孩子在吃饭时总是被问到,今天在学校里学到了什么?而我总是被问到,今天在学校里提了什么样的问题?聪明人的秘密是,他们保持了好奇心。他们用同样的热情搜集罕见的见解,就像以前有人搜集罕见的邮票或者硬币,正是因为人们无法买到这些东西,这些东西才如此宝贵。

我不是反对现代技术,我认为技术并不一定带来进步。我佩服像纽约的知识分子道格拉斯·卢施考夫或者第一代电脑批评家约瑟夫·瓦岑宝姆这样的人。他们提醒大家,在我们不知不觉中,数字节目经常把观点强加给我们。但是人们如何看待这些警告呢？我们需要更快的科技，还是更慢的科技，或者需要科技吗？

与此同时，还有一个叫作反社交的软件，它会在特定时间把所有社交网络关闭，因为很多人在其中失去了很多时间。我们是快电子痴呆了还是正在痴呆？人们只能与网络纠缠，但是它不会觉得痛苦，而我们会！逃离只是短暂的，我们应该力求反抗还是力图改变？

我就像在山里开车一样不知所措。当人们刚好熟悉在盘山弯道上开车时，就会出现红色警告，一个三角形的指示牌：注意山岩塌方。我现在应该开得更慢，以便避开危险吗？或者我应该开得更快，这样在此刻滚落的石头就不会击中我了？我该怎么做呢？我就像之前那样开车，只是耸了耸肩膀。

打电话时的偏见

您在火车车厢里想要谁坐在对面呢？两个聊天的人还是一个打电话的人？萨特在移动电话发明之前写出了"他人即地狱"这句伟大的话。关于"封闭社会"他写了什么呢？他在ICE（德国高速列车）大车厢里是否遇到过糟糕的信号呢？人们被迫听到这样的话："不，宝贝，我能听见，但是刚刚信号不好。""你必须大声点，否则我听不到！"信号没有中断的几秒钟常常用来解释待会儿可能会没有信号。如果上述徒劳的对话方式不够清楚的话，要记得人们是坐在火车里。

我自己打电话的时候，也会担心信号不好。但是我不打电话的时候，我就很反感别人这样做。那时我就希望可以有一个无线电的漏洞，一条无止境的隧道，一道寂静的走廊。

为什么在公共场合大声打电话会令人感到厌烦？康奈尔大学的研究者对此进行了测试：让大学生们在听一个完整对话或者一个半

截对话时做需要集中注意力的练习。如果对话缺少某个部分，那么他们在练习中犯的错误就会更多。奇怪的是，不完整的橘子可以加倍吸引我们的注意力。如果我们是传统娱乐的见证者，当我们不感兴趣的时候，我们可以"关掉"。但是当我们只听了一半，我们就会忍不住猜测另一半或者臆测更好的另一半，并且在我们脑中补充完整。因此一半对话比一个完整的对话更令人焦虑，因为我们自动用"双耳"，而不是只用"一只耳朵"倾听。

但是在火车里不去听别人对话是很难的！在开车时，即使只是副驾的人使用手机，也会造成危险，汽车驾驶员会分散两倍的注意力。这个现象让我想起了一个古老的技巧：在班级很吵闹的时候，老师不用大声而是很小声地讲话，学生觉得听不清时，他们的注意力就会重新回来。

在格拉茨是禁止在公共交通工具中使用移动电话的，缺点是极少数真正重要的装腔作势之人是坐有轨电车的！这已经是向正确方向前进的一步了。

您可以说我是怀旧的，但是那些旧的电话亭变成什么了呢？它们还安放在某个地方吗？为什么人们不能重新再把它们搭建起来呢？没有技术，只有小亭子。每个打手机的人都可以默默地站在其中，关上门，也不用害怕有人会旁听。只有真正打电话的人可以得到这个奖励，因为通话时可以再次集中注意力，并且信号会变得更好，通话也不会在没有意思的地方结束，比如"我现在没法畅所欲言，待会儿再解释给你听"。在火车上，卫生设备旁边也会有紧急电话间，旁边很有可能也会贴上古老的标签：说重点！

后退也是一种进步

法官对被告说:"我有一个好消息和一个坏消息。坏消息是,你已经被判处死刑,即将被枪毙。"被告问:"那好消息呢?"法官说:"将由罗本来执行死刑。"

被浪费的射门机会,射歪了的点球,全世界都把目光投向了一个人。从英雄到狗熊往往只有一步之遥,反之亦然。在足球的舞台上可没有诸如《谁能成为百万富翁》《达人秀》和《打赌吗?》这样的真人秀节目。人们可以设想一下,当有那么多人参与比赛,并且每个运动员身边都围绕着诸如心理医生、咨询师、分析师这样的人,又如何能不受干扰地在关键时刻做出正确的选择呢?这样做可谓是大错特错!

就拿点球来说吧,一方要试图把球准确地射入门中,另一方要想方设法地阻止前者,双方的目标都很明确。心理学家米夏埃尔问自己:为什么运动员总是不能汲取经验,每次比赛都表现得

十分不理性？他的研究小组分析了 286 次点球。向球门上部的三分之一射的球总不会被接到，但只有 13% 的运动员选择向那里射门。为什么呢？一个滚地球容易被接住，一个高球却容易飞过球门。对于运动员来说，射出的球被守门员接住远不及射了个飞机球尴尬！他们宁愿输得体面些，也不愿去承担高风险。这是一个有关脸面与机会的抉择。

那么换个角度，守门员应该采取什么策略呢？我们观众特别喜欢看到守门员如同饿虎扑食一般扑住射向角落里的球。这当然是富有戏剧性的，但可惜不大可能发生。从数据上看，如果他就站在球门中间，那么就能守住更多的球。的确，这样一来他便不可能守住射向角落里的球了，不过他本来也守不住向那射的球。

统计表明，守门员站在中间比站在角落里能显著地接住更多的球。那么为什么很少人选择这么做呢？因为这样看起来不够潇洒啊！与那个艰难的抉择一样，把球平着接住在某种程度上和接不住球是一样的，这些都不能用体育学来解释，这是一种人类学。一个站在球门正中的守门员，他吸引着全场所有人的注意力，不仅是观众，还有他的队友，这样就会使他变得消极防守。如果守门员在球门的一角而球在另外一角，没有人会去斥责他的。1974 年，约翰·内斯肯斯通过传奇性的一射震惊了足球界，他料到赛普迈尔可能会扑向球门的一角而绝不会站在中间，所以他笔直地射向了球门正中间。一个伟大的守门员，绝不会消极苦等，也不会把点球当成

○ 爱情穿肠而过

一个困难来克服。

同样的道理在医学领域也适用。通过"革新",人们可以获得研发奖或药品奖。如果依旧使用有效的但是老的药物的话,就容易导致患者不信任,因为在市场上已经有许许多多更好的药物了。不过一些被认为是超尖端的药经常会被重新打上超危险的记号并被召回,因为到处都充斥着有关它副作用的报道。

纵观整个医药的发展史,这样的例子有很多。一开始人们大肆庆祝一个新的治疗手段,但几年后在批判眼光的审视之下,缺点又暴露无遗:手术成功了,但是病人死了。

对中风的治疗,几十年来一直是为病人输液以降低血压,并相信借此可以让受损的大脑重新恢复供血。吕迪格尔·范·库莫是一位敢于向这种信条提出质疑的神经学家。他的怀疑是,这种治疗手段恰恰会起到反作用,血液中的氧化物虽然可以由此降低,但是流动的血液还是无法到达堵塞的区域。根据钢铁般的最有限抵抗定则,血液必须能到达身体各处,而不仅仅是正好到达血管狭窄或不通的地方。MRT技术在当时还没有发展到能够解释这种怀疑的地步。

当范·库莫发表了自己对于传统方法的质疑之后,他突然就被他的同事和公司给孤立了。他不再被邀请进入最重要的委员会,决定性的一点是因为委员会是由输液剂制造商赞助的。

几年后,他终于通过一个更准确、更清晰的图片提出了反对

MRT 技术的证据。有害的输液被默默地禁止了，这拯救了上千病患的生命，也节省了一大笔无谓的医疗保险，但没有人去感谢他。我在这里之所以如此详细地描述他所做的贡献，就是想借此纪念所有默默改变了世界却被公众遗忘的人。

在医药、足球以及在政治领域，想要打破一个存在已久的思维定势是超乎想象的难的，除非所有参与者都明确那是无意义的。每个人都知道，夏令时在英文中是"白天存储时间"（daylight saving time）的意思。那时人们把日光存起来，但是如果是在夜里保存它呢？要知道，光可是比核废料要难保存得多。每年都要上演两次这样的闹剧：人们把钟重新设置了。连续数日，人们在看到一个钟上的数字指针时，都无法相信自己的眼睛，直到所有时钟都被调了一小时之后，差不多半年也就过去了，也就是说这期间大概有一半的钟表都是错的。倒还不如让钟表彻底停了算了，至少每天还能显示两次正确的时间。

所有相关电费，因琐碎的议程而产生的经济损失和疯狂的钟表的认知都表明了一点，调时间必须要被废除。为什么人们不这样做呢？为什么到现在还是这样呢？是因为一直以来就是这样吗？不，夏令时是 1977 年才被引入欧盟的，仅用了不到 17 年就推广开来。若要把它禁止，这在心理上就说不过去，因为在当时它的引入是被视作进步的。尽管政治家和专家们自那时起就不允许再过问此事，但这背后潜藏着一个有力的原则：想要废除一些无意义的事的想法

○ 爱情穿肠而过

是很难得到公众认可的。

我要求专门为那些废除多余的、危险的事的好点子颁发诺贝尔奖。它们包括药品、无用的法律、核电站或守门员的姿势。后退也是一种进步！这不是不思进取，恰恰相反，在与医生的每次谈话中最重要的问题都应该是：如果我什么都不做，那么会发生什么？如果我不给我的膝盖做手术而是让它继续断着呢？如果我不服药，咳嗽是否会自己好起来呢？如果我不做剖宫产而是再等一会儿，孩子会不会自己出来呢？

医生可不会通过不作为赚到钱。即使那在很多情况下是最好的也是最专业的选择。很多人被众多医药推销员给迷惑住了，他们说，用了他们最新最好的药可以少死50%的人！这时你就应该问他们："你们为了得出这个结论，又治好了多少人呢？"比概率数字更重要的是一个准确的治疗结果。在一千个服用这种药的人中，如果从原来死两个变成现在死一个，那才叫50%。患者正好就是因为这个药才被救活的概率十分低。更大的可能是患者属于那徒劳服药的人中的一个。当然说徒劳也不尽然，毕竟患者为此花了不少钱，还要承受它带来的副作用。如果你没有立刻理解我这个例子的话，说明你身处一个好社会中。很多医生也不会这么做，因为在学校里没人教他们这些。

10个医生里面有9个都坚信：每10个医生里有1个误入歧途。即使你找了一个好医生，在做重要决定时换个角度想想也是很有帮助的。这并不代表对医生失去了信任,而是你要为你自己负责。自己仔细斟酌,然后可能决定:嗯,就让扁桃体那样吧,拒绝抗生素。让膝盖静静待着,像个守门员一样站着。仔细观察并等待,看看下一步会发生什么。这很有意义,但是不够潇洒。外科医生想要钻进腹腔里每个难以抵达的角落。他们的意见经常不是答案的一部分,而是问题的一部分。

在外科医生间流传着一句很有名的话:你要么用 10 年时间来了解如何做手术,然后再用 10 年时间来了解如何做到更好,要么就不做手术。在一本非常好的但道德观不正确的英文小说《上帝之家》中如是写道:用药的艺术在于最好不用药。我还可以举出更多的例子,但暂时就先写到这里了,尽管这很难。

只要一个吻

根据约翰·丹佛的《乘喷气机离开》改编的歌词。

打包我所有的东西,

我现在还不能走,

站在门口,

我还想要一样东西:

你的吻别。

我要不要为此叫醒你?

你睡得正香,

不是你起床的时间,

出租车发出喇叭声,

已经做好开车的准备。

我可以痛苦,

但我必须要离开了。

只要一个吻,

一个微笑。

抱住我,

再也不要放开,

我何时才会回来,

只有星星知道。

我的火车开走了,

几乎太晚了,

总是错过一些什么。

我的宝贝,

我不想乘车离去。

旅行三天,

然后我问自己,

为何吵架?

根本不值。

然后我到了家,

我被抽空了,

我在哪里?

爱情穿肠而过

我为你唱歌,

只是有时候我自己也不知道,

会走向何处,

我的终点是什么。

只要一个吻,

一个微笑,

抱住我,

再也不要放开。

我何时才会回来?

只有星星知道,

我的火车开了,

几乎太晚了,

总是错过一些什么。

我的宝贝,

我不想乘车离去。

幸运的是,

你没有真正醒来,

谢天谢地

这一个吻没有引起吵架。

继续睡吧,

我轻轻地关上门。

我们梦想着未来的计划,

我不再乘车离去,

我要到达。

我不再靠此为生,

我要为此而活!

只要一个吻,

一个微笑而已……

合唱、死亡时刻、礼物、超医学、小费、企鹅、爱的证明

第七章

不愿结束的爱

合唱的力量

每当上帝之子欧维发出笑声,每当交通电台告诉广大听众:玫瑰开花了,冷杉长出新叶了,这总不会是一个平静的夜晚。在这样的夜晚,歌手们开始放声歌唱,如同黎明时的阳光洒满大地。一年中的大部分时候,人们只有喝醉了,才会在公开场合唱歌,但在圣诞季,就算没有喝热红酒,人们也可以用歌声来表达情感,一种历经数百年而从未改变的情感。平时人们总会避免去谈及爱,而圣诞节是一个人们用来表达爱的节日。这种集体的仪式非常重要,因为这其中会产生很多社交互动。

斯坦福大学的一个心理学家曾经做过一个测试,研究一起唱过歌之后的人们会产生怎样的行为。在一个合作游戏中,人们有两种选择,他们可以把钱留在自己身边,从中直接获利,或者把钱投入一个共同的项目中,并能从中长期获利。那些之前一起唱过歌的人选择了后者,即合作共赢。有一句俗语是这样说的:你可以放心地

定居在一个有歌声的地方，因为坏人是不会唱歌的。但其实这句话混淆了原因与结果，坏人在女高音和男低音面前完全不堪一击。

实验显示，大合唱是一种最强大的力量，这种力量能增强人与人之间的关联，抵制个人自私自利的行为。在奉行天主教的莱茵兰，那些挨家挨户通过唱颂歌来募捐的孩子们显然也明白这个道理。他们的歌声不仅会时不时地将人吸引住，甚至有时候还会把人心"绑架"。就像那些小提琴手，他们在大街上摆一个帽子，旁边竖一块牌子，上面写着"休息10分钟，请投5欧元"，音乐从来不会让人心变冷，然而任何事物都有两面性。

斯科特·威尔特慕斯是一个研究群体活力的先锋学者，他想要知道是不是除了合唱，还有更强烈的共同动作可以使人们互相联系起来。为此他让参与实验的人在桌上敲打塑料杯子，有时候是随着音乐的节奏，有时候是随着另一组人控制的节奏。那些之前一起敲打过杯子的人会产生一种非常强烈的共同感，这种共同感促使他们认同集体的决定，而这些决定会让对手感觉不舒服。这种同节奏的集体活动能产生多大的效果呢？

威尔特慕斯增强了对集体的约束感，他让另外一些实验对象在一个人的带领下用同一种节奏的步伐走路，在实验的第二阶段，他让这些实验对象把一个口袋装满小昆虫，并告诉他们要弄死这些昆虫（实际上没有动物因为这个实验或者这本书而受到伤害）。那些和带领者保持同样节奏的人装的昆虫比那些随着自己的节奏自由走

○ 爱情穿肠而过

路的人装的昆虫要多 50%。

在遵从同样的命令，腿部动作一致的情况下会产生更可怕的能量。在我阅读这个研究报告的时候，我回想起了我的童年。小时候我家住在柏林的策伦多夫，附近的军营中有 3 个美国士兵。有时候我在上学的路上会遇到那些负重晨练的士兵穿过街道。他们总是大声地用同一个节奏唱着歌，其中一个人先唱一段，其余的人再大声地唱出来。只有当他们要穿过轻轨铁路桥的时候，他们才会安静地以各自的速度行走，这样桥才不会在士兵们强大的共振下摇晃。在一个充满活力的群组中，组员有时也会感到精疲力竭并且十分孤独，他们肩上的担子越来越重。

同样的节奏会在我们身上产生一种巨大的能量，但这种能量亦正亦邪。在一场演唱会中，我们会合唱，手臂伸出来像麦田里的穗子一样随风摇摆，感觉我们与整个世界联系在了一起。在反暴力游行中，那些和平爱好者不停地喊着口号，直到他们开始变得有暴力倾向就会停止，就好像他们之前就知道一样。现如今，当人们在足球场一起发出怪叫时，他们就会感受到这种力量，而这就像我们当初一起约定去狩猎时的那种力量一样。我想知道，有多少男人不是因为比赛，而是因为可以同大家一起歌唱而去看足球的。

一起唱歌或做相同的动作会让人的内心产生一种柔软的律动，人的身体会随之摇摆，就像泰泽祈祷会产生催眠效果一样。当我们听到大海的咆哮，便会沉醉其中。我们每个人的存在难道不应该归

功于一种最低限度的统一动作吗？

也许卡农里的歌唱是介于诱骗与赞颂力量之间的一种好的旋律，没有同样节奏的多种声部，没有指挥的节奏感，只有四种节奏不停轮换。在我看来，除了一同歌唱，几乎没有哪种方法能带来直接的幸福感。很多健康机构也开始采取这种做法，比如说有一种"歌唱医院"，医生、护士、病人被号召来一起唱歌，在一些时刻，和谐比等级更重要。人们也可以说卡农中有一个部分更重要。这种话真是够了，您可以自己去尝试一下，"幸福所需要的东西不多，幸福的人就像国王一样"。来，谁先开始唱？

像这样的时刻可以变得很漫长。

"不朽不是每个人的事情"
——约翰·沃尔夫冈·冯·歌德

您想知道您会在哪天死去吗？如果您不想知道，那请您不要继续读下去了。因为我知道有可能是那一天，准确地来说，我知道比起其他日子可能性更大的一天。您已经知道这个日子了，就是您的生日！

《流行病学年表》——这本杂志确实叫这个名字——最近发表了《死亡优先选择生日！》这篇文章。文中分析了从1969年到2008年在瑞士成千上万的数据，在自己生日当天死亡比在其他364天死亡的可能性要大13.8%。这该如何解释？

其中一部分解释是，在我们去世之前，我们还要向着某个目标活着。我们变得很虚弱，死亡对我们的身体已经有一定影响了，只有当我们和生命中最爱的人相聚之后，我们才能咽下最后一口气。有很多名人故事和轶事报道，可以证明人们是"等待"一次特定相遇或者是某一件事的。

第七章 不愿结束的爱

将死亡时间在一定程度上向后推移，只有身患特定的疾病时才有可能发生，从逻辑上来讲，是指不会立刻导致死亡的疾病。这种推迟在女性身上发生的可能性高于男性。这是瑞士统计专家根据一份最权威的死亡原因报告分析得出的结论。男人在生日时死亡的可能性更高，主要由于在当天喝了太多酒而摔倒或者遇到事故！压力也使情况更糟糕。身体承受过重的心理负担，更容易引发心肌梗死和中风，从而导致死亡。人们早就知道，在周一早晨比在周日的咖啡时间更容易发生心肌梗死。

期望能够在自己生日时招待好所有的客人也会使血压升高，这就会压倒有先期疾病的寿星。死神根本不需要自己来，只需要送一群朋友和亲戚过来就行了。如果没有人拜访而独自饮酒的话，不幸摔倒的可能性也会增加，或者更糟糕，因为没有人陪自己喝酒而自杀，可怕的生日蓝调。

艾米·怀恩豪斯虽然不是在她的生日死于毒瘾，但可能是在二十八岁。然后媒体上就出现了关于"27岁俱乐部"的谈论，一群还没有过完自己28岁生日的杰出音乐家：布莱恩·琼斯、吉米·亨德里克斯、詹尼斯·俏布林、吉姆·莫里森和库尔特·科本，这不可能是巧合，对吗？一个来自弗莱堡的科学家小组仔细研究了这一现象，他们仔细观察了英国的流行歌曲，追踪所有上过榜首的音乐家履历，不料"27岁俱乐部"是一个神话，无法用数据证明。顺便说一句，"七年之痒"又不一样，很多人在第四年之后就分开了。

○ 爱情穿肠而过

可以确定的是，音乐家比其他人活得更危险，死得也更早，这种情况在无节制的 70 年代更加严重。一方面是因为自从毒品生产变得更加专业化之后，发生致命危险的概率小了。另一方面是因为医学药剂过量和中毒这一现象得到了改善，医生有了新的解毒药，并且在过去的几十年学习了一些经验。在 20 世纪 70 年代，吸毒的医生正好也快退休了，急救和值夜班也不再发挥作用了。

死于毒瘾的人一直都很多，其中音乐家的死亡年龄不是 28 岁左右而是 32 岁左右，人们的寿命越来越长。有没有官员的"65 岁俱乐部"呢？我不知道是否有人已经研究过了。

当人们在人生的全盛时期或者青春期就死亡，那么"不朽"是最简单的，只是自己从中得到的太少了。公墓里满满的都是认为自己是不朽的和不可缺少的。我知道最美丽的公墓之一是科隆美拉腾公墓，在那里，我采访过优根·多米昂，他写了《采访死亡》这本美丽的书。为了看一下我们的见面地点，我上了公墓的主页，我不得不放声大笑，因为页面上有一个网站广告。广告是关于什么呢？"搬迁提示"和铃声！但是刚刚过世的人根本不需要这两样东西。

以前人们最大的恐惧是被活埋，考虑到这个因素，人们发明了一种特殊的棺材，里面安装了一个响铃，这样的话，被错误宣布死亡的人可以引起别人的注意。我不知道这个装备是否已经证明过有效。但是我知道，如果有记者要单独采访我，总是会问我："您希望别人在您墓前说什么？""哦，他动了！"我希望有人这样说。

第七章 不愿结束的爱

根据伍迪·艾伦的精神，我不希望活在人们的追思中，而是活在自己的公寓里。

在美拉腾公墓有一个"百万林荫道"，那里埋葬着富人的骨骸，确切地说是"居住"。因为这些人对社会生活如此看重，他们在死亡之后继续把自己象征性的生活搞得富丽堂皇，有墓穴、小寺庙和真正的宫殿。有个家庭考虑得非常实际，他们在墓穴上安装了一个旋转铁门，在审判日那天他们就可以直接上前，而不需要等到有人把路上的石头移除。

另一个特别有钱的人，现在还在世的一个企业家，在活着的时候就让别人给他建造墓穴了，那是一个地下室，有一个小的寺庙，有一个玻璃平台作为墓顶。这是很少见的白雪公主与曼塔司机的混合。体面地去世？这一点非常奇怪而且有些不合适，人们是想在死后给所有人展示：我埋得更深！

通风设备还可以工作，就好像人们还可以看到通风管旁边微微摇晃的植物一样。我认为，这样的墓穴就像一瓶好酒，需要在被喝掉之前散发香气。

我一直有很多关于死亡的糟糕和令人毛骨悚然的笑话。有一个是和医生相关的：他开了矿泥这个药方，病人问他是否能够用这个药方重新获得健康。医生回答说："不能，但是您会习惯潮湿的地面。"

还有一些关于濒死的笑话：一个跳伞的人从飞机中跳出来，拉了第一条线，什么也没有发生。幸好还有备用降落伞，他慌张地拉

开第二条线，什么也没有发生，他飞一般落向地面。忽然，他不敢相信自己的眼睛，他看到一个男人从地面向他飞来，那是他的救命恩人吗？他冲那个人喊道："您是来修降落伞的吗？"那个人喊了回去："不，我只修煤气管道！"

幽默是否只是一种让人不会害怕并且能够排遣痛苦的手段呢？或者是更多呢？还是一种可以使我们有时候能够承受不可避免之事的无用之物呢？所有的宗教都用幽默来解决生活中的矛盾，而不是触发矛盾。人们在禅宗佛教中如此思考未解之谜："手是如何拍出声音的？""如果一棵树在森林里倒下，而附近又没有人的话，还会有声响吗？"未解之谜。

在犹太教中，有一种用幽默对待痛苦的伟大传统。"你要去摩西的葬礼吗？""为什么是我去？应该他来参加我的。"在基督教中，有很长一段时间都有在复活节大笑的传统，牧师必须和社区的人在复活节从墓地走过并且使所有人大笑，这个传统传达的信息应该是：死亡不是最后的决定，我们不怕死亡，因为我们信仰比死亡更伟大的事情。

遗憾的是现在没有这样的传统了。我想要讲述一个关于死亡的笑话：一个天主教的爱尔兰主教在临死前告诉他不知所措的家人，他还有最后一个愿望，他想要改变信仰。一个摇头晃脑的新教牧师被喊过来帮主教改宗，当牧师高兴地离开这个家之后，家里人围着临终之人，问他为何在生命中最后几小时改变自己传统的信仰，这个一家之主如此解释:"我想,还是死一个信他们教的人比较好。"

伊壁鸠鲁(古希腊哲学家、无神论者)说:"死神与我毫不相关,他不是我,我不是他。"其他人说:"整个人生都是为死亡而做的准备。"还有其他人认为,最后一件衬衣没有口袋,人们不带走财富,只留下债务,这和希腊人所做的事是一致的:债务和我毫不相关。人们感觉到了长久的哲学传统,哲学总是提出人们回答不了的问题。宗教给出人们无法究根问底的答案。那什么是对的呢?在所有关于死亡的谈话中的系统错误是,人们总是在和活人谈话,或者像矿工习惯说的:脚后跟之前都是黑的。

我希望我的墓志铭上可以有这样一句话:我想要第二种意见!在医学上有很多误诊,病理学家知道了一切,但是太晚了。所有的科学都是从怀疑中得以生存的。因此我怀疑所有确切知道人死之后会发生什么的人。

在婚礼上人们总是会问:谁会是下一个?出于这个原因,新娘会抛花束。但是为什么没有人在葬礼时这样问呢?好吧,没有人想要尝试接住葬礼的花束。但是大家会在心里悄悄问:谁是下一个?只是没有人说出来,因为每个人都害怕自己得票最多,没有挽回的机会。

顺便说一句,我有人寿保险,而且这笔钱只有在"到期"时才能见到,"到期"是荒谬的保险委婉语之一,这是为了避免提到"死亡"这个词。我的两个朋友数年来都有一句生活格言:最好的还没

来呢！现在两个人都过了五十岁，他们开始明白，这句格言到最后一刻也适用！大部分人都不怕死亡，怕的是长久且痛苦的死亡过程。

幸好德国对临终关怀和镇痛药的活动在不断增加，医生和护理人员不再把死亡当成对他们能力的侮辱，而是当作生命中的一部分，人们可以塑造和陪伴的一部分是，用现代化的止痛药，人与人的亲密关系以及精神陪伴。在科隆的米尔德雷德—施尔医院中，每个房间都是这样建造的，临终的人可以躺在床上就能看到天空。这是有远见且容易做到的！为什么不是每个医院都有这样的房间呢？至少已经有可以在天花板上挂图片的重症监护室了。

有时候就是这样简单的主意以及简单的句子实现了巨大的改变。自从我在柏林一个酒吧里听音乐会时听到了维格拉夫·德罗斯特的一句话，我就一直没有忘记："奇怪的是，人们是多么容易忘记，永远忘记你做过的一切。"我孩童时很讨厌的一首生日歌里有这样一句话：你出生了，是多么美好啊，不然我们会很想你。我一直理解不了，人们怎么可以想念自己没见过的东西。我以前既缺少想象力也缺少回忆。

理论上这是对死亡的安慰。如果人们不能回忆活着是怎样的，但愿人们也不会太想念。当"幽默帮助治愈"基金会资助我们研究儿童幽默，一个六岁小孩说的话一直留在我的记忆中，禅宗僧侣也不能更好地表达这句话：当人们知道某个地方在哪里时，人们就再也无法离开了。

带包装的礼物

"有爱的礼物。"当我们作为孩子送给父母一个用栗子、胶水和真心做的手工时,尽管造型和外包装很粗糙,当它放到礼物桌上,被父母打开后,我们会听到最美的夸赞:"就像买的一样!"这样说不是为了减少赠送者的劳累,而是把他当作专业生产者来褒奖礼物的质量。不管母亲节、生日、坚信礼、圣诞节还是婚礼,人们总是说,不要让自己的节日由于消费而失去其重要意义。对的,但是关于送礼和包装的心理学认为,要为一整年准备许多美好的惊喜。

还有没有人记得克里斯托是如何包装国会大厦的?这位包装者和他的妻子珍妮·克劳德在长达 23 年的时间里必须坚持不懈地工作,直到在柏林出现了外包装物[①]。在当时的联邦发言人丽塔·苏斯穆特的支持下,这对受世人尊敬的艺术家才能够完成说

---

① 1995 年,包装艺术家克里斯托夫妇用银白色的人造纤维织物把德国国会大厦裹了个严严实实。

服德国联邦议院每一位成员的工作。赫尔穆特·科尔和沃尔夫冈·肖伯乐在当时强烈反对，因为他们坚信，德国国会大厦不需要通过外包装来增值。

最终，他们在1995年6月17日开始对国会大厦进行外包装，而且取得了巨大的成功。在接下来的几周，有五百万访客参观了这一盛大景观。人们伫立在国会大厦前，就像从未来过或者以后再也不会来那样。这成了一个民族节日，来自旧联邦州和新联邦州的人们来此朝圣，虔诚地站在这件银色的礼物的前面。炎炎夏日中的圣诞节，一个我再也不会忘记的神奇时刻。

有一个研究实验，一半受试者收到的礼物是带原包装的，另一半受试者收到的礼物是用包礼物的纸包装起来的，配着一个蝴蝶结，然后让他们来判断礼物的价值。结果不足为奇，人们认为包装过的礼品比没有包装的更有价值。即使是用报纸包装的礼物都比没有包装强。之后测试人们是否会因为这个礼物是给自己还是给别人而对其价值做出不同判断。不料，当礼物是送给别人的情况下，包装对价值不再有影响。这意味着，只有我们自己收到并打开礼物时，才会陷入包装提升价值的错觉。

消费者想要透明，但在送礼物时我们却希望不透明！因为有包装，人们就会猜测礼物是什么。所以送一张CD或者一瓶酒是非常没意思的，人们都不需要摇礼物盒就能知道里面是什么了。礼物应该带来快乐，但是更重要的是双方期待的快乐。这也解释了为什么某个伟大的古典作家会在礼物下面放上美丽的内衣。如果想让人产生期待的喜悦，就买一个特别的东西，然后包装起来，这也使某个人可以将这个特别的东西打开，然后再自己重新包装，为了最后再被打开。真是一个预期喜悦时刻的循环。这是用钱买不到的，却很美。

一个经济学家最近写道：没有比买礼物更浪费钱的事情了，所付的钱远比收礼物者预料的价格更贵，否则的话他会自己去买的。吝啬的经济学家很有可能只送钱做礼物，这样受馈赠的人可以自己选择最合适的礼物。但这个经济学家大错特错，他的错误体现在三个方面：第一，当我们回顾过去几年，总有比12月24日买礼物还没有意义的花销；第二，尽管人们不确定别人想要什么，但是有时候收礼物的人也不知道自己要什么；第三，有这样一个事实，如果人们不是花自己的钱，就不会觉得自己并不需要这件东西，相反，人们非常需要这件东西，即使可以买得起，也会觉得自己买不起。

人们很少会理性行事，非理性有自己的独特魅力和内在逻辑。过去最伟大的心理学家之一是杜克大学的丹·阿雷利，他的理论是：完美的礼物和友好、有用或者使用价值很少有关系，一个礼物越非同寻常，越感性就越好。"一个礼物应该减少某人的负罪感，只要他能自己买得起这样的奢侈品。"例如您购物时看到一件东西，贵得令人发指。您不敢拿共同的财产来购买这件东西，但是您的伴侣注意到了，并且您无声的暗示足够清楚。当您的伴侣用共同财产买下这件东西时，您就可以非常开心了，并且免去了道德上的负罪感。您认为自己没有这个价值，但是您的伴侣却比您自己更看重您，这就是礼物！赋予某人更高的自我价值，是和准许某人买某件东西相反的。

因此，收到钱得到的快乐并不多。首先，那样我就非常确定自己在别人心中的价值了；其次，我很快在心里将这笔钱归入日常账户，而不是"给予自己一些多余的东西"账户，这其中没有太多幻想。如果想要送钞票的话，您至少要在送礼物之前折一个形状出来。

觉得自己被爱的人不会这么看重物质的东西，当人们在烛光中从信封里抽出支票，至少有1/4的支票是无法兑现的，人们会怎么看呢？我还有一张25年前父母给的支票，买辞典用的。当时没有因特网和维基百科，辞典是非常特别的。我不知怎么耽误了兑换支票的时间，但是我一直都很爱我的父母，我也感觉他们是爱我的，反正这是最伟大的礼物。

将礼物转送给别人真的这么糟糕吗？转送被当作坏习惯，但是一个英国研究证明，实际与此相反：当想到收到礼物的人可能会更快乐，赠送人比受赠人拿到礼物却不知道怎么办时受到的屈辱要少些。还有第二个心理学体验：礼物不一定总是惊喜。不需要强迫地追求独创性，大多数人得到他们想要的东西时是最高兴的。这也证明了贵重的礼物本身不会比小礼物带来的欢乐更多。

第七章 不愿结束的爱

为什么厚厚的钞票可以作为爱的证明呢？钻石最重要的意义可能是，男人用钻石什么事也做不了。女人可以看出其中没有自私自利的目的，因此钻石是完美的礼物。一个男人和女朋友搬到一起后，在圣诞树下放了一个吸尘器，并准备送给她。当她打开礼物目瞪口呆地看着时，他用男性的天真结结巴巴地说道："这个吸尘器的颜色是你最喜欢的！"这段关系在吸尘器保质期到期之前就结束了，而且女朋友在分手时坚持要把吸尘器留在他那里。

关于送礼心理学的杰出作品是并且一直是罗利奥特的《在霍彭史特茨那里的圣诞节》。一个三代之家追求何时吃饭、送礼物和享受惬意的正确顺序，但是一句毁灭性的话出现了：以前有更多的挂在圣诞树上的金银丝条！一对比，眼前的幸福就破灭了。但这样的情况为何如此典型呢？以前的一切都比现在要好，是我们记忆的整体曲解，其实和过去并没有多大关系，而是和我们如何将事物保存在记忆里的方式相关。

以前过节的时候，我们不能记住所有的一切，但能记住最美的时刻。现在的每一刻都必须和最好的记忆片段来对比。其实在过去几年，也有很多我们不愿再回想起的愚蠢和无聊的时刻。不相信的人可以搞一个大容量硬盘，用数码相机录下完整的过圣诞节的情况。一年之后，没有人想要再看一遍没有删减过的视频。就算是180分钟的"导演剪辑版"，所有人在看完半小时之后就得承认：好的，去年情况也没有更好！

○ 爱情穿肠而过

很难不去把过去和现在进行比较，但是我们多少知道自己是被幻觉欺骗了。基本不会失真的唯一时刻，就是现在。如果在下一次过节时觉得无聊，就想想，今天的痛苦就是明天所想念的黄金昨日！

在英文中，"过去"和"礼物"是同一个单词：present。爱情中的现在这一刻就是实际的礼物。礼物如此贵重，很多人不敢打开礼物，也不敢面对生活。我们活着，就好像会永生一样。我们死掉，就好像我们从未真正活过一样。当我们尝试为了以后而冻结此刻或者延迟某一天的到来，我们将会一无所获。因为机智果断的时刻总是从我们的消费逻辑中逃走，这个礼物是免费的，不可转移的，而且不能被交换。

医生如何成为健康权威？

医生是很受欢迎的！比记者、政客和警察加在一起都受欢迎。使我们大为震惊的唯一事情是，我们要对另外一个专业领域给予高度信任：超医学。不公平的是，人们在学业、深造和夜班上投入了多年时光，只是为了成为"正规医生"。其他医疗行业的从业者不会耽误这么长时间，也取得了令人难以置信的成功。

德国人对非德国人的治疗承诺的痴迷是来自何处呢？为何我们要成群结队地去外国寻找可疑的阿育吠陀—灌肠疗法？并且为何能够负担起去欧洲以外其他国家费用的人，却都飞向海德堡、伦敦或者波士顿的大学医院？这只是令人失望的学者们的嫉妒吗？不，恰好相反。

我来告诉您一些秘密知识。您想改变自己的职业吗？在缺少医生的时候，对学习治疗方法的需求会急速增长。保健行业在迅猛增长，但是传统的参与者都已式微，护理人员工作饱和并且筋疲力尽，医生只考虑病患的费用，甚至像私人保险这么神圣的机构都即将面临破产。

人们只能在系统之外期待真正的成功。但是系统之外也是有系统的！经过多年对传统医学弊病的讨论，我今天在这里可以跟您透露，您如何能做得更好。如果您成为江湖医生、权威、智者，那您就可以在精神层面进行治疗。怎么做呢？很简单。听从下面原则①中的一个或者多个。

原则1："先知在本乡无人尊敬！"

这是圣经中的话，直到今天也适用。耶稣最虔诚的信徒不能在他显灵的地方找到，那里的人总是以牙还牙、以眼还眼，就好像耶稣从未出现过一样。谁想要激励很多人的话，就要换个文化圈。这条规律对人和思想都适用。

以埃克哈特·托乐为例，他享有当代最伟大的精神导师之一的声誉，因为他宣称当下的重要性。他在德国出生的时候，名字是乌尔里希·托乐，然后分别在西班牙、英国、美国和加拿大定居过，在那些国家他成了"精神场景"的世界巨星，他宣扬的和圣经老师数千年来所讲的一样：活在当下。如今这个叫作现在的力量（The

---

① 作者注：如果我这些论述伤害到了某些人，这是我作为宫廷小丑的工作。逗是亲，骂是爱，或者是用"经理股票期权（ESO）"的说法来表达：如果您觉得受到了伤害，那我内心受到的伤害比你要多。或者相反，我们对彼此而言是反射内心的外在镜子，除了在结肠镜检查时。

Power of Now），以前叫作及时行乐（Carpe Diem）。

他在出场的时候会做所有避免让自己成为专家的事情，但真实情况是他成了一位专家。他冷静地说出真理，但是是用德语口音浓重的英语，以至于美国人都很喜爱他，因为他们认为这是佛教加上德国的技术优势。仅仅是他把自己的名字从乌尔里希改成埃克哈特，就使我对他很有好感。我还不认识想要这么做的人呢，我只认识经常想要改名字的叫埃克哈特的人，但是他们很少想过改成乌尔里希。

如果您自己不想移居国外，您可以接受一个国外的思想，例如风水。在国内文化圈子里，如果计划建造新建筑，必先咨询风水师，以将古老的中国智慧纳入考虑，如"不要迎着流水，除非是淋浴的时候"。奇怪的是，在中国，风水实际上不是那么重要，也没有风水学派，更没有统一的基础知识，当地的建筑师不是从来没听说过风水这一说法，就是不认真对待。

原则2："最新知识"

相当重要：量子理论。因为没有人真正理解这个理论，于是其他人用各种不能解释量子理论的其他方式来解释这个理论，并且听起来非常具有科学性。像《量子治愈》《量子智慧》和《量子密码》这样的书都比《量子物理》畅销。尽管在经理股票期权市场上，很多交易都是根据相对较老的供求定理运转的，但是如果您引用阿尔

○ 爱情穿肠而过

伯特·爱因斯坦作为证人,那您就会提高市场价值,这令人无法反对。万一您要和物理学家讨论,那么给您个小提示:量子力学是海森堡提出的,一个"量子跃迁"没有什么伟大的,相反,它只是组成电子的最小运动。我对此毫不理解,但是我也会承认。

是的,宇宙接近真空。您也可以聊聊量子常数、希格斯玻色子(别称上帝粒子)和其他。最近有个物理学家和我讲过,人们能不能穿过一面墙,只是一个统计数据的问题。但是在现实生活中,最有可能穿过一面墙的地方,是有门的地方。这么做也可以节省很多时间和能量。

原则3:"古老的见解"

这看似和原则2相矛盾,但并非如此。最新的研究证明了数千年来喜马拉雅山原住民都已经知道和实践过的见解。对媒体传播起决定作用的是,在人类灭绝之前保存古老知识的大型救援行动。

洞穴里的卷轴已经过时了。山洞里最后的幸存者在200岁生日之前,悄悄透露了永生的秘密。如果您对国外旅行不是特别感兴趣,您可以看看媒体的相关报道。您应该让别人的"灵魂"说话,这个人很有可能已经去世75年了,否则的话会有版权、音乐演出和作品复制权协会(GEMA)和继承联盟之争。生命的秘密应该比"不抽烟,多运动,吃蔬菜,每天做一件善事"这句话表达得更好。

最著名的例子是销量超百万的《五个西藏人》，这本书为什么比医保中背部锻炼的免费宣传册销量还要好呢？关键在于故事！一个关于上了年纪的上校的美妙故事：他动身去寻找永葆青春的源泉，他从喜马拉雅山一个修道院返老还童回来，并且环游世界来传播启示，以及他是如何每天做早操变年轻的。

彼得·凯尔德的书应该是在1939年出版的，但只有1985年的新版是有据可查的。我必须要说，如果能够确保我可以永葆青春，那我就愿意做体操。从动机心理学来看，让人们早上锻炼和更加自觉地锻炼这两种动机都是好的。市场可以适应国际营销。有一个小的特例，在西藏，《五个西藏人》直到现在还没有任何名气。

原则4："传统医学的拒绝"

仅是"传统医学"这个概念本身就有很多可以被轻视的地方，人们立刻就会联想到没有意义的刻苦学习。在最近的五十年间，学校发生了巨大的改变，但关于传统医学的偏见却没有改变。您可以祈求它在将来成为健康权威。您可以宣称，您的行事方法不是经过传统医学和医保承认的，仅此一点就可以让您在其他情况下获得更多认可。

在确保足够安全的情况下验证新方法或新药物的有效性太复杂。证明一种药的效果都已经够困难了，而多数药物的效果都不像人们希望的那样清楚。请您使用！您不要再耗费巨额的研究经费，

○ 爱情穿肠而过

操心安慰剂和浪费时间等待了。您开始干吧！自己确信的事情更有说服力。

　　针灸就是可选治疗方法中的一个令人振奋的例子。尽管针灸在传统中医里作用较小，但是长久以来却被当作中国人的秘密武器。其他人说，想找到关于针灸效果的严谨的研究就像在干草堆里找一根针一样困难。整个民族步调一致，就像活着的巫毒娃娃一样跑向提供针灸的诊所，医生突然大规模开始上课。问题在于要把这些针往哪里扎。传统医学中，患者不经同意或者根本没有询问的机会就会被温柔地扎上针。

　　愚蠢的传统医学在这方面做了什么呢？2002年到2007年期间，在一项世界范围内的研究中，3500个德国病人接受了三种治疗方法：传统中国的针灸，非中国的针灸和无针的常规治疗。从此，法定医保可以给针灸付费，但只包含慢性背部和膝盖疼痛的治疗。因为在这些方面，研究可以证明针灸是超过传统医学的。研究也可以证明的是，是否遵守教学中的传统穴位和复杂经络，或者是否扎到别的地方，都是没有关系的。

　　长久以来，针灸在很多应用领域中都没有什么正面影响，自从这个研究公布之后，中国的神奇方法已经失去了原有的神秘感。但是不用担心，您尽管开始采用另一种保证治疗效果的方法！敲击是新的扎针！等有人对此做正规研究，肯定还要再过50年。

原则 5:"富人和漂亮的人数年来已经开始使用了。"

几乎每个人都想要富有、美丽和不朽。只有已经获得这些的人想要简单的生活。因为最好的主意总是像不动产那样悄悄传递下去,您可以宣称麦当娜、布兰妮·皮尔斯和安迪·麦克道威尔数年来已经开始使用您的方法了。没有人能够证明您说得不对。但是注意不要拿艾米·怀恩豪斯作为例子,她已经死了。

原则 6:"不同的原型"

每一个二手销售商都知道,如果您想要卖一辆汽车,那么您可以提供三辆车。一辆废铁模型,一辆价格高昂的,还有一辆处在中间的,也就是您想脱手的。这和治疗市场是一样的。如果让您选择参加一个 1 小时的报告,一个在火山岛上没有信号,为期 3 周的强化班,或者是在第二大市政厅举办的周末班。那么您会一直很乐意参加周末课程。

原则 7:"如果这个方法没有效果,那么使用者是有责任的。"

旅行取消保险对于食宿费和路费全包的旅行者而言,就像江湖庸医对于世界上所有高级疾病一样,这些疾病都是顾客(千万不要说病人!)在之前患的,由饮食、炉渣、电磁辐射、汞合金导致的细胞毒。如果您的方法没有明显改善情况的话,您可以这样说:"考虑到您之前的病史,您并没有病得更重,就很值得庆幸了。"因为每个人都会感到内疚,并且知道自己借助奶油、糖和量子物理到现在都很无忧无虑,所以疏导、解毒和放射疗法的市场没有明确界限。

这是您的小费！

为什么要给小费呢？就算不会再光顾的饭店也要给？从经济角度来看，小费没有什么意义，他们可以省下这笔自愿性开支。他们下次也不会得到更好的服务，因为没有下次了，那么给小费能得到些什么呢？不管服务生觉得他们很好，还是把他们当成德国吝啬鬼，理论上来讲，他们应该觉得无所谓。但是别人怎么想对我们来讲并不是无所谓。毕竟我们还是会在意别人对自己的看法。

有些小灵魂被不断教化：上帝可以看见一切。上帝除了关注我们大大小小的错误之外，不太可能有更好的事情可做。他有可能注意到，在一个研究中，将自己分类为有宗教信仰的那些人给的小费更少。反过来，曾经在餐饮行业工作过的人对他们的服务生同事更加慷慨大方，尽管他们没有神职人员赚钱多。上帝是否会读社会心理学研究呢？只见别人眼中刺，不见自己眼中梁，这种双重标准的历史至少是被记录下来了。但是圣经中写的是爱的精神，而不是要

○ 爱情穿肠而过

我们把上帝想象成斯塔西（前东德国家安全局人员）和联邦法官的结合体。

不管上帝是否存在，我们每个人心里都有一个独立于宗教或者出身的伦理权威。人们常常展现出惊人的无私，甚至可以为救别人而让自己置身险境。同时，人们也可以拿出笔和纸来记录那些违章停车的车牌号。人有两面性，但不会是非黑即白的。不是已经形成的性格，而是情况、环境和周围站着的人来决定我们怎么做。一个人有时候心胸狭窄，有时候慷慨大方，这些是如何融合在一起的呢？

如果机会合适，你还可以带走一些东西或者不结账就溜走。首先得确认，除了自己，没有人会注意到。自动售报机就可以测试人的诚实度，这是一个箱子，人们可以自己打开，并且决定投还是不投买报纸的钱。如果箱子后面有个镜子，人们取报纸能看到自己，那么他们的行为就会发生改变，偷报纸的人就会变少了！在镜子里看着自己的脸，就会激发我们的伦理行为。在第二个实验中，不用镜子，只要眼神就可以提醒人们心存善意。上帝或者"老大哥"（监视公众的人）或者超我在注视着这一切。给所有想要减肥的人的最好提示是：在冰箱里挂面镜子！在厨房里挂面镜子也可以达到节食的效果。

以前有种严厉的教育手段，如果孩子说脏话，大人就会用肥皂给孩子洗嘴。希望现在没有人再这样做了，但是我们无意之中也会做一些类似的事情，比如"麦克白夫人的影响"。这位夫人让她的丈夫去谋杀，这样她自己的手就不会弄脏，尽管如此，她仍然养成了洗手的强迫习惯。这不仅存在于莎士比亚的笔下，也存在于我们生活中，就像实验证明的那样。在游戏中被引诱着撒了谎的人，游戏结束之后就会无意识地加强洗手消毒的需要。我们想要手动清洗自己的精神，我们尝试把自己的手清洗或冲淋干净，或者在桑拿中将我们身上的渣滓蒸出来。

人们是大方的，即使是在盘算彼此之间大大小小的错误时。这是现代心理学所称的"特许权效应"，给自己一些权限，一种对自己的宽恕。例如，如果我们决定使用有利于生态的产品，那我们是否就成了对社会更好的人呢？恰好相反。对那些用绿色环保产品就想洗白自己的电影的指责，也适用于我们每一个人。

每当我们买了让自己觉得问心无愧的东西，我们就会把这个算作自己的环保结算表，之后我们的行为不会更加社会化，反而在合作游戏中表现得更加自我。我们根据这句口号来给自己特权：我属于好人之一，那我就可以稍稍卑劣一些。我们常常准备好在这样的结算表加上：今天我带回来三个可回收瓶子，那我这周就可以不用内疚地在德国境内飞三次了。或许应该规定在环保产品上贴一个标志：可以感觉到的环保价值和真正的可持续发展。这种标志在其他领域也有，政客在公开场合中反对道德衰落，自己私下里又有婚外情，很有可能是为了保持"平衡"。特许权效应可能也是信仰宗教的人给更少小费的原因。他们知道,他们终究会进天堂。

那么"普通人"会怎么样呢?我们不相信审判日,为什么还是不想让服务员看不起我们呢?罗尔夫·德根是一位波恩心理学家,也是聪明的科学记者和这本书的研究员,他有着自己的解释:我们知道我们的深渊,做出让我们之后感到羞耻的事情是多么容易。我们的意志力很快就会用尽,因此我们从小就被训练,要在相同的情况下,表现得慷慨大方。

一个对自己和别人都没有同情心的人,尽管在行骗的时候没有被惩罚,但在任何场合都会被别人看不起。如果人们在不记名的饭店用餐并且意识到自己现在不用付小费也可以安全地离开,通常情况下他们会想起,自己这么做是采用了一种原则上反社会的策略:只有当违规行为受到惩罚时,人们才会遵守社会法则,如果人们相信自己不会受到惩罚,就会立刻行骗。大多数人感觉自己演技不够,无法坚持到底。

除此之外,对方手中也有强制手段。一个高傲的服务生有一次觉得我给他的小费太少,就直接退还给我了。避免这种尴尬的情况通常只需几欧元。很少有人会像下面这个人如此精打细算。这个人在饭店中得到的服务并不好,但他给了服务员20欧元的小费。下次他去这个饭店时,那个收过他小费的服务员就立刻跳到他身边,给他提供各种各样的服务,花了所有能想到的心思,但到结账时,却没有小费。"您今天对我的服务不满意吗?"服务员手足无措地问道。这个男人回答道:"满意,我今天对您的服务非常满意,上次给的小费就是给今天的服务的,今天的就是上次的。"

　　附言:有很多慷慨大方的人,捐款时不会有别的居心,他做义务劳动,并且花费钱财,以改变世界上某些事情。很多人都有给后世捐赠和遗留下一些东西的需求。如果人们可以为使他们留名的事情做出贡献,那么他们会觉得更加幸福。有一个到现在都还无法很好解释的事实是,为别人奉献的人会被夸赞为慷慨大方,会更加长寿!在世上还没有什么药像义务工作那样,对健康和预期生命有这样大的决定性作用。为什么这一点不会出现在配方上呢?

企鹅的故事

　　企鹅的故事准确地发生在我的身上，并且改变了我对人生的看法。我感到极其开心，可以经历它们如何拍打海浪、转圈的场景，可以在 YouTube 上观看、分享以及告诉朋友。我最高兴的是，《在他的元素中》这幅简单但是清楚的图片帮助了很多人，使他们的生活最终有些变动，从不良的环境中解脱，走上新的路途，跳入冷水中并且游泳。企鹅的故事已经在我的"带来幸福的人"这一项目中开始了。但是我会继续把这个故事编入爱的主题。谁知道，谁会是下一个继续编这个故事的人呢？谢谢！

　　多年前我在一个豪华游艇上当主持人。我认为那是件很棒的事情，直到我到了船上，我才意识到：我是和游客有关的，在现实意义上是上了一艘错误的轮船，并且晕船，真的很恶心。

　　我们终于到岸了，在挪威的城市拜尔根待了一天。我去了动物园，在那里看到一只企鹅站在岩壁上，笨拙地"摸索着走过"那片区

域。没有脖子,没有膝盖,有一个大肚子——错误的构造。那只企鹅在我眼前从岩壁上跳入水里并开始游泳。它从池边潜入水中,看了我一眼,我猜想,现在它一定在同情我。看过企鹅游泳的人都知道,它游得超棒!它在水中灵活、快速并且优雅地运动,它快乐地沿着自己的轨迹游着,而刚刚我却认为它的身体是错误的构造。

在那一刻我明白了,我对其他人下论断太草率。我很可能完全弄错了,因为我刚刚只是经历了他们的某个情景而已。我明白了,正确的环境是多么重要,这样才能使一个人隐藏的潜能展露出来。人们基本上不会改变自己,成为企鹅的人,这辈子不会再成为长颈鹿。如果人们知道这点就好了,那么就不需要浪费时间去讨论为什么人们更喜欢有一个长长的脖子。父母应该对此有责任。可以使人变得更强的话语才是更有帮助的,比如这样的提问:"你会什么?你要什么?你什么时候快乐?别人什么时候能从你那里得到快乐?你怎么才能每天都为此而努力一点呢?"

如果我能认识到我的强处,我会看看四周环境是否适宜。我是否要成为在岸边逗留的企鹅?如果进展不顺利,那这不仅仅关乎我自己。我是如何到这儿的?这不是一定要解释清楚的,更重要的是我如何离开这儿。走很多小步,走到适合我的环境,然后跳入冷水中,再次知道,在适合自己的环境中是怎样的感觉。

我已经看清了,我是一个有创造力的无政府主义者。我的弱点之一是不太会完成常规工作,这对一个医生来说是不利的。我的长

○ 爱情穿肠而过

处之一是在自由谈话中有很多新的主意,这对于听写记录病历也是不利的。

如今我更多地利用自己的优点,我的缺点渐渐没那么重要了。这是我的故事,应该给每个人遵循自己本质的勇气。

当我不再认为别人要为我的不幸福负责,当我在舒适的环境中变得幸福,那么我会四处看一下,是否有人在寻找自我的路上。第一步总是爱上自己本来的样子,这已经够难了,这个思想是很古老的。"爱你的邻居就像爱你自己那样",更准确的翻译是"爱你的邻居,因为他像你一样",或者简单地说"爱你自己,那么别人就会喜欢你"。

在我自己感到幸福的时刻,我和别人一起也会感到幸福。只有当我不会责骂使我幸福的人,我和其他人在一起才会幸福。如果有人想要走向同一个方向,那么可以同行一段路程,然后再分开,或许你们会成为一对,或者甚至建立一个侨居地,可以使彼此的生活更加美好,并且和彼此分享快乐和工作。企鹅不是所有的事情都一起做。它们中的雌性去打猎,雄性守护家园。雌性产卵,雄性把卵放到自己脚上,保护卵使其不接触冰冷的地面,然后它们把卵放到肚子下,保持卵温热。这难道不诗意吗?这种我们男人在四十岁之后才会有的胖肚子,其实有着深刻的生物学意义:保护下一代。但是有些年轻人也有肚子了,当肚子开始可以给卵保温,就可以再去游泳了。

企鹅通常群居，在一起御寒，我们人类也要这样。父亲、母亲、孩子住在联排房屋中，这从来就不是伟大的计划。我们需要更大的网络，我们需要和姨妈、姑妈、奶奶、爷爷和很多孩子一起住的多代同堂的房屋里。在非洲，人们说："养一个孩子需要一整个村庄。"我们好像忘了这一点。

爱就是我们所有关系的总和。我也相信，如果人们的爱不减少到只爱某一个人，那么就有机会去生活和成长。人可以每天都有爱地和自己以及他人一起相处。当停电时，如果你的电池也没电了，FACEBOOK 上的五百个好友并没有什么用。认识自己的邻居是非常值得的，不仅仅是在法庭上。

我在这本书中写了很多爱的形式。还有一个我想提一下，但这种形式的爱人们只会在隐喻中说。有些人总是说，因为我们过去和现在被爱，我们才能去爱。然后有几个人宣称，爱的力量大于死亡。为什么人必须要死亡呢？这是某个人对别人能做的最糟糕的事情。这是一个很难回答的问题，或许爱最高的任务是牺牲，或者这不是关于我们的永生，而是生活要继续下去，爱要继续下去，怎么才会更好呢？

如果人们认真想一下，不死的生命会多么无聊，什么事也不会发生。每个时刻都无所谓。当人们多少习惯于无限的思想，那人们就会自动关注能保持价值的东西。所有我们从爱中得到和给出的一切，所有我们给某个人展示并且解释的一切，我们播种的一切，我

○ 爱情穿肠而过

们证明的一切,都会留下来。

如果你是最好的企鹅,那么只需要一振翅,就可以在意识大洋中的某处激起波浪,没有你的话,这波浪永远不会存在。有时候有些年轻人到来,我们的时间流逝着,然后你不能再掀起轩然大波,你自己成了波浪,将你自己和更强大的东西连接在一起。有时候你会成为波浪和海洋,还有可能成为更多。

没有人能够知道,但是这会很美好。

你准备在剩余时间里做什么?

你准备在剩余时间里做什么呢?

头脑和肚子以及你的心已经足够远了吗?

我这么说,

我大部分已经准备好了,

和你一起迈出下一步。

每天早晨你的脸庞,

很美好。

每天中午一道佳肴,

很美好。

每天傍晚一首诗歌,

很美好。

并且晚上……

爱情穿肠而过

我想在各种光影里看你,

在太阳下、在黄昏中、在月光里,

仅此而已,

在节日蛋糕的烛光里,

在你让我偷听你最静谧的愿望时。

这样的明天,

在你的目光中,

还是没有存在的。

看着我,

和我一起向前看,

不要回头。

如果你有恐惧,

放下你的恐惧,

一点一点,

一个吻接着一个吻,

来到我身边。

我们剩余的时间,

从现在开始,

此时此处。

第七章 不愿结束的爱 。

我害怕得太久了。

我要说出来:

我爱你!

后记

爱走向何处呢？

不知道，我也不知道是否真的存在爱。这个益智拼图的形状对我而言太五花八门了。有些人在一生之中经历了伟大的爱，其他人每天都经历一些小情小爱。人们可以"衡量"这些感情吗？按块还是按片呢？可以更多一些吗？只有一件事是肯定的，爱经常不会发芽。人们遇见一个人，看到彼此的眼睛，然后……这可能发生，但是太罕见了。那经常会是一种混杂的感情，人们这样说，却那样做。

人的感情总是矛盾的。我们经常不同意自己的观点，如果有别人出现，情况也不一定会更好。特别是当我们认为别人要对我们的不成熟负责时，这是非常棘手的。您知道吗？人们吵完架之后会再次容忍，内心却在翻滚，敷衍地拥抱，并且更加睁一只眼闭一只眼，因为人们会有想掐死自己伴侣的冲动。

最不含糊的爱就是我们对孩子的爱。尽管如此，对孩子的爱在

第七章 不愿结束的爱

最初几年也经常使我们心烦意乱。首先是青春期！这很正常，所有人都是这样过来的，没有人要为此感到害羞。

据我所知，动物在爱情方面不会这么困难。当一只公狗在大街上看到一只母狗，它不会有什么问题，而是感到高兴。人类总是会觉得有问题，并且为这只狗感到羞愧。这根本就不是他们的狗！狗主人会红着脸结巴道："它只是想玩一会儿！"一位旁观者嘟哝道："那您再仔细看一下。"

我还从没有听说有哪头育种公牛从第十二头母牛身上下来时，会去找兽医说："很抱歉，这对我来说是有些不人道的，我还无法忘记第五头。"我们并不像动物，这是很好的，但是这也没有让我们更轻松。

我们是如此复杂，以至于我们会再度爱上彼此。失败的可能性一直潜藏着，而最糟糕的是从未失败过！失望是一种感觉，人们可以彼此分享，每个人都有这种感觉。当这么多人都宣称，曾经在爱情里失望过，那么所有欺骗者在哪儿呢？我们自己是否因为错误的期待而曾经误会过呢？我们难道不应该感谢失望吗？

有时候我会想，如果我们是第一批学会行走的成年人，那么情况会是怎么样呢？我敢打赌，大部分人会继续爬行，但是有很好的借口：我认真尝试过直立行走，但是这不是我喜欢的事。

当我看到一个小孩子欢欣鼓舞地摔倒在地上又再次爬起来，有时还可以走几步，我就问自己：为什么爱情不能像这样运转呢？因

○ 爱情穿肠而过

为了不起之处是：人们可以在一生之中都不断变得更好。如果人们一下就会走路，那么就无法再学习走路了，但人们可以一次又一次重新学会爱。

这是很多男人和女人共同合作的作品。

我感谢我的研究员罗尔夫·德根，他在过去的几年中几乎每天都用令人振奋的提示使我产生新的主意。我还想写很多内容，因为科学一直在变化，所有这里的一切都会留存下来，零零碎碎的，并且可以被否定。我们放弃了详尽的参考文献表，因为那很快就会过时。因此在我的主页 www.hirschhausen.com 上面有个关于研究、链接和推荐书目的集合。

一个在 2012 年 7 月，也就是在本书印刷之前出版的报告指出，女士近年来在智商测试中的成绩比男士要好。或许真正聪明的女人就是那些不让男人感觉到这一点的女人。例如下面的女士：

芭芭拉·劳柯维慈，我的编辑，她在最后阶段投入很多个人精力激励我，我每完成一篇文章就在我冰箱上贴一个"Post it"（发表它）。

苏珊娜·希尔拜特，我的经理，她十余年来对所有的项目都有

○ 爱情穿肠而过

所了解。

阿曼达·默克,作为科学编辑和呼吸治疗师一直支持着我,当我循环和气息不畅时。

艾尼·佩尔纳,全心全意致力于编排所有特别的细节、结构和封面。

办公室团队:萨比娜·弗兰克、萨拉·卡米塞克和杨·尼克拉斯·萨茨科,数年来给予我忠诚和专业的支持。

卡特琳·鲁茨和布丽塔·本岑霍夫,和我一起发起"幽默有助康复"基金会,以使医院中也可以有更多欢笑。

塔尼亚·辛格,她让我参加了一场关于探索和传播注意力、冥想和同情的聚会。我从中认识了很多热心的人,可以把热爱友好(loving kindness)的理论和实际联系到一起。

托比亚斯·艾诗,一位医生、幸福研究者,首先是一位朋友,一直用他的笑声和思想鼓舞我,并且向我展示结果是什么。

文斯·艾百特和辛·梅耶,我非常棒的小品表演的同事和朋友,他们从持有毫无根据的乐观态度的物理世界给了我很多建议。

拜恩哈特·路德维希,他关于性生活不满意的指导项目是科学小品表演的里程碑,并且给了我一些灵感,例如用表格表现婚姻市场的想法。

致谢

感谢阿曼达·默克所拍的"凯文已售完"和其他美好的抓拍,亚历山大·格劳的"痛苦旅行",雷奥纳·舒普的"给出租车灌酒",苏珊娜·希尔拜特的"我们永远都是好朋友"以及来自艺术帮助的托马斯·鲁珀的"不要停止爱"和前言中的照片。有三个题材来源于网络,感谢不知名的作者。

最想感谢的是我的挚爱,在我书写爱这么重要的主题时,我给予她的时间和关注太少了。首先我要感谢我的夫人,感谢她的耐心、爱和幽默的评论:"亲爱的,你竟然知道理论上的一切,这总是使我很惊奇。"

所有书中所写都可能是我从我祖父母、父母、我自己的家庭以及存在于我心中的人身上所学到的。

"当幸福在面前时,一定要认识到幸福,鼓起勇气并且要坚决果断地捡起幸福,拥抱幸福并且保留住幸福,这是心的智慧。没有感情的理智是纯粹的逻辑,这没有什么特别的。"

马克·李维如是说。

图书在版编目（CIP）数据

爱情穿肠而过/（德）艾卡特·冯·希施豪森著；张婧，张婷玉译.—厦门：鹭江出版社，2017.2（2017.3重印）

ISBN 978-7-5459-1288-3

Ⅰ.①爱… Ⅱ.①艾… ②张… ③张… Ⅲ.①爱情—通俗读物 Ⅳ.① C913.1-49

中国版本图书馆 CIP 数据核字（2016）第 290646 号

Author: Eckart von Hirschhausen
Title: Wohin geht die Liebe, wenn sie durch den Magen durch ist?
Copyright © 2012 by Rowohlt Verlag GmbH, Reinbek bei Hamburg, Germany

Chinese language edition arranged through HERCULES Business & Culture GmbH, Germany

出版统筹：雷 戎	策划编辑：王丽婧	责任编辑：董曦阳 蒋静丽
特约编辑：周 玥	营销编辑：范存榜 赵 娜
封面设计：新艺书文化	责任印制：孙 明

AIQING CHUANCHANG ERGUO

爱情穿肠而过

［德］艾卡特·冯·希施豪森 著
张 婧 张婷玉 译

出版发行：海峡出版发行集团
　　　　　鹭 江 出 版 社
地　　址：厦门市湖明路 22 号　　　　　邮政编码：361004
印　　刷：北京市十月印刷有限公司
地　　址：北京市通州区马驹桥北口民族工业园 9 号　邮政编码：101102
开　　本：880mm × 1230mm　1/32
插　　页：1
印　　张：9.5
字　　数：156 千字
版　　次：2017 年 2 月第 1 版　2017 年 3 月第 2 次印刷
书　　号：ISBN 978-7-5459-1288-3
定　　价：39.80 元

如发现印装质量问题，请寄承印厂调换。